PAST FORWARD

How Nostalgia Can Help You Live a More Meaningful Life

懷舊的力量

從存在心理學的視角，
探索被塵封已久的生命潛能

克雷・勞特雷奇 著
Clay Routledge

劉宗為 譯

目次

前言——回顧即是展望未來

「要知道，對於你自己的未來發展，最重要、最有影響力、最有益處的，就是你那些美好的回憶，特別是你兒時和家庭的回憶。人們常會談論自己受過哪些學校教育，但那些最美好、最重要的兒時回憶，才是最關鍵的教育。帶著許多這樣的回憶走進未來，一生都會感到心安；哪怕心中僅剩下一絲絲美好的回憶，都能成為拯救自己的稻草。」

——杜斯妥也夫斯基，《卡拉馬助夫兄弟們》

從本質來看，人類是以進步為導向的物種。我們不滿足於先人所留下來的世界，所以努力使其變得更好，但程度上因不同文化而有所差異。在某些地區，人們的生活方式一、兩百年來並未出現重大變化，而在某些地方，不到五十年就發生了巨大的社會變革。比方說，我祖母小時候還騎馬去上課，等她成年後，就在電視上看到太空人登陸月球。

美國是個年輕的國家，人們以面向未來和充滿活力的社會文化而感到自豪，但我們也有像阿米什（Amish）這樣的少數族群，他們刻意拒斥科技與現代化的生活，努力保留古老的生活方式。

儘管各個文化對於追求變革或保持穩定的程度不同，但基本上，人類都喜愛追求新奇的事物，熱愛探索、創造和發明，並努力想能改善自身和後代的生活。

即使是看似封閉的阿米什人，也並未完全拒絕現代科技，只是對各項變革抱持謹慎和深思的態度。宗教學者克雷比爾（Donald Kraybill）花了數十年時間研究阿米什文化，並觀察他們如何應對新科技。例如，有些阿米什人會用手機來提高工作效率，或與遠方的親友聯繫。此外，他們的製造業和商務人士也會使用各種高科技的工具來提升競爭力。

不過，在挑選新工具與決定適用情況時，阿米什人會先判斷它們是否會破壞傳統文化以及人際連結。所以他們盡量不看電視、不聽收音機、也不上網，以免大眾媒體和外來的資訊會威脅到既有的生活方式。[1]

阿米什人懂得發揮創意來改造科技產品，跟得上社會的進步，也能保留其傳統文化。例如，他們不想依賴電力公司的供電系統，為了維持能源自足以及使用家電，他們嘗試了風力發電等方法。

有些人想恢復舊有的生活方式，但實際上卻反映出對進步的渴求。舉例來說，上班族若想過得更簡單、更親近大自然，就得依賴於網路發達後才有的遠距工作模式，以及新型態的公司組織與管理方式。這些人並不打算放棄光鮮的工作、舒適的生活以及優渥的收入。他們不想要過自給自足的生活，更不想要像美國早期的開拓者一樣，得面對大自然的挑戰和其他危險。他們的理想生活是，一面享用方便的新科技與最新的醫療技術，並從不斷進化的商業模式中得利，同時在鄉下慢活、與大自然互動，讓自己的身心更健康。

大多數人並不想要過祖先的生活，他們只想從過去借鑒，找到改善生活的靈感，以建立更美好的未來。理解這一點，我們就更能理解懷舊的力量。

人類這個物種以進步為導向，但也熱愛懷舊。儘管我們必須為未來制定方向，但也感受到過去的種種吸引力。懷舊不是進步的障礙，而是帶我們邁向更好的未來。記取歷史教訓，社會才會進步；同樣地，個人和集體記憶也是做決策的寶貴依據。因此，懷舊、希望和夢想是緊密相扣的。

乍看之下，懷舊與進步相互衝突，畢竟懷念昔日多半參雜著對當前局勢的不滿和對未來的恐懼。在面對當下的問題和未來的挑戰時，若一味地懷念過去，不就是故步自封嗎？懷舊能帶來溫暖、朦朧的感覺，但它是否會導致我們不想改善眼前的生活、也不肯積極面對未來？

我保證，你在閱讀完這本書之後，不會將懷舊視為個人成長和社會進步的障礙。相反地，你將會認識到懷舊是前進與轉變的重要元素。

我接下來將會詳細介紹懷舊心態的歷史。過去，醫學專家認為它是一種疾病和精神障礙，但現代心理學家發現，這其實是一種內在資源，在各種方面都對我們有益。因此，想要完整地了解自我、獲得靈感，並與他人建立連結、幫助他人，就應該認真懷舊，而不是去排斥它。如此一來，我們就能過著有意義、有目的的生活，並改善社區和世界，為自己和他人建立更美好的未來。

懷舊能激發出成長的動力，讓我們投入社會、為人類的進步與繁榮做出更多貢獻。懷舊不是往回走，而是將過去帶到當下並規劃未來。換句話說，懷舊不是倒退的阻力，而是前進的動力。

第1部

破解迷思

第一章　從疾病到商機

剛開始研究懷舊時我還在念大學，對於時間感這個主題非常有興趣。我也熱衷於欣賞科幻電影，尤其是跟時間旅行有關的。許多人也都跟我一樣，喜歡思考未來的日子會是什麼樣子。

在第一次研究中，我設計了一項實驗，以弄清楚人們在聽到悅耳或刺耳的聲音時，心裡的時間感是否會不同。我發現，聽到不愉快的聲音，時間感會更漫長（我知道這並不是令人震驚的發現）。雖然這項研究我有很多思慮不周之處，但在許多教授的鼓勵下，我決定要以心理學研究作為畢生職志，用科學方法去研究人類的心智。

念研究所時，我仍然對時間心理學深感興趣。想想看，人們運用想像力來連結過去和未來，不只是為了娛樂自己而已。大家都喜歡想像不同時空下的生活，包括古羅馬的戰士、西部牛仔或是《星艦迷航記》中的太空探險家。除此以外，心理上的時空旅行還有其他功能；學習、成長以及應對當前的各種挑戰與壓力。

事實證明，許多心理學家都對時間心理學感興趣。在英國，有兩位社會心理學家（後來成為我好同事）也在研究人們對於自己的過往有哪些情感。他們是南安普頓大學的賽德凱茲（Constantine Sedikides）和維爾德舒特（Tim Wildschut）。而我和指導教授阿爾恩特（Jamie Arndt）則在密蘇里大學做研究。當這兩個研究團隊得知彼此的存在後，便決定攜手努力、共同合作。

思鄉病

懷舊有助於理解自身的生活意義。

二十年多來，我們的研究團隊與眾多學者系統性地研究了懷舊的心理機制，並強調，懷舊可以改善生活。不過長期以來，其他學者和醫療專業人士卻不這麼認為。他們的負面觀點可以追溯到一六八八年，當時有位瑞士醫生霍費爾（Johannes Hofer）創造了「懷舊」（nostalgia）這個詞。

當年歐洲戰爭不斷，許多瑞士士兵遠離家鄉，霍費爾認為他們大多有思鄉病。懷舊這個詞是由兩個希臘詞所組成的：返回故鄉（nostos）以及痛苦（algos）。換句話說，就是渴望返回故鄉所引起的痛苦。

霍費爾判定，思鄉造成了嚴重的身心問題。士兵們渴望返鄉，內心夾雜了悲傷、焦慮等情緒，還有疲勞、失眠、心律不整、食欲不振、消化不良、發燒等症狀。有些人病情嚴重到得退役。最終，霍費爾認為這是一種神經性疾病，病因是「動物精神在中腦的纖維裡不斷震動，而對祖國的印象深深附著在那些纖維上」。[1]

霍費爾將思鄉視為疾病，當時的醫師也大都接受這項觀點，但對於病因的看法是分歧的。一位醫生認為：「思想病是大氣壓力的急劇變化所引起的。身體承受巨大壓力，血液不斷被推向大腦，所以產生了明顯的情緒問題。」因此，在低海拔地區作戰的士兵特別嚴重，因為他們的故鄉是在高海拔地區。既然思鄉是瑞士人的專屬疾病，所以有的醫生還認定，阿爾卑斯山脈中的牛鈴鏗鏘作響，導致瑞士人的耳膜和大腦長期受損。

直到十九世紀，思鄉還一直被視為是某種疾病，但已不限於瑞士士兵；英國、法國和德國軍方也都有類似的病歷紀錄。在美國內戰期間，北軍的報告指出，許多在南方作戰的北方人染上此病、需要接受治療。有些學者甚至提出，狗、貓、馬與牛也有可能會患上這種病。這些看法並不奇怪，因為當時學界普遍認為，思鄉病並不限定於特定的群體。然而，後來的醫生都未能找到這種心情與身體病症的具體關聯，所以慢慢放棄這種觀點。

值得注意的是，有些學者還挑戰了當時蔚為主流的疾病觀點。他們指出，對過去的想望其實會在心中喚起正面的情緒。生物學家查爾斯．達爾文在《人與動物之表達》（*The Expression of the Emotions in Man and Animals*）中寫道：「對往事所產生的溫情，是很難分析的；它似乎是由愛、喜悅和同情心所組成的。這些都是令人愉快的感情。不過，若是往事令人非常遺憾，或是聽到以前有人或動物被折磨，我們就會產生恐懼感。」然而，大多數人還是把懷舊視為是負面的感受。

二十世紀初現代心理學興起後，醫界開始從另一種角度理解懷舊，也就把它當成精神問題。有些心理學家認為，懷舊是一種憂鬱症：患者執著於童年的回憶，因而心態停滯不前。也就是說，這些患者在潛意識中希望回歸胎兒的狀態。懷舊依然被視為負面狀態，只是從身體疾病轉變為精神問題。

在這段時期，專家對於懷舊的看法有所轉變。最初，他們認為，懷舊與思鄉情結密切相關，患者太渴望回歸家鄉才會生病。但到了二十世紀，心理學家開始意識到，對過去的渴望不局限於家鄉，也會涉及物品、人物甚至是抽象事物。例如懷念自由的青春歲月或當兵的日子、想念以前的同學或情人、回想以前熱愛的運動或某些心情。

因此，懷舊和思鄉這兩種概念逐漸被區分開來。有些研究人員著重在離鄉所引起的焦慮和情緒，即思鄉病（homesickness）。有些學者更廣泛地去分析其他的懷舊情感。雖然思鄉病令人痛苦，但學界逐漸認為，懷舊是更加複雜的情感。

此外，心理學家也開始意識到，對過去的渴望也有正向的一面。雖然某些人事物不復存在會令人感到痛苦，但也會帶來愉快的感覺。也就是說，懷舊是一種深刻而複雜的情感。慢慢地，學界便不再堅持懷舊是某種精神疾病。

在那之後，學者和研究人員便開始探索懷舊的好處；如果它能產生正向情緒，那麼也許就有心理價值。一九七九年，社會學家弗雷德．戴維斯（Fred Davis）在他的專著《遙想昨日：懷舊社會學》（*Yearning for Yesterday: A Sociology of Nostalgia*）中提到：

> 懷舊有助於應對生活的重大變化。我們會更懂得欣賞以前的自己，並放下不愉快的回憶，以正向的方式重新詮釋自己過往那些矛盾、古怪又不被理解的一面。這樣一來，就能確立自我在成長過程中的各種定位。

換句話說，懷舊有助於幫助人們理解自身的生活意義。在本書後半段，我會提到各種相關研究，以說明它有助於創建和維護自己人生故事的連續性。

許多臨床心理學家也開始思考懷舊的療效。實驗證明，透過懷舊，失智症患者就能保有些許的自我認同。專家也發現，懷舊也有助於應對失落與創傷。

儘管專家們的態度有所改變，但相關研究仍然很稀少，所以懷舊對心理健康有哪些好處，都停留在推測階段。想要了解懷舊包含哪些感受以及它會帶來的助益或傷害，還需要更多系統性的科學研究。

懷舊經濟學

科學家用量化方法研究懷舊，首度出現在市場行銷和消費心理學領域。研究人員觀察到，終其一生，我們都會特別喜歡自己在少年和青年時期所購買的產品，以及看過的電影、聽過的音樂等。對於成年人及中老年人來說，當前社會所流行的音樂、電影明星和玩具模型，就沒有那麼多吸引力了。

仔細想想你的消費選擇和習慣。你是否感覺到，現今的流行樂不如你年輕時的好聽？電影公司為何不再製作那麼經典的電影？回想少年時期，雖然覺得自己那時的穿著荒謬又好笑，內心卻仍舊偏愛那種風格。

有些人比較跟得上時代，能接受新的音樂、電影和時尚，但仍偏愛自己年輕時期的流行文化。音樂和電影的串流平台非常清楚這一點，所以網路上有無數的懷舊電影、音樂專輯和電視節目。

研究人員進一步反駁傳統觀點，強調懷舊不是精神問題。許多人對年輕時期的經歷有正向的情感，所以才會花費時間與金錢去接觸那些人事物，而且還得透過當代的新科技。

許多電影和節目都是為了迎合懷舊市場而製作的，並結合了新的拍攝技巧與特效。例如在新一波的《星際大戰》系列電影和影集中，不但經典的角色重新回歸，視覺效果更是驚人。當然片商也會引入新的角色和情節，但一定要連結過去的故事，票房才會賣座。迪士尼近年來製作的新影集便是一例。

除此之外，許多廣告也運用懷舊之情來刺激購物欲。這招確實奏效。研究發現，成功誘發懷舊情感的廣告會增加人們對於品牌的好感、關注度以及購買意願。在今時今日，復古行銷已經是極其重要的商業手法。

因此，許多專家都在探討懷舊如何影響消費者的選擇以及行銷人員的決策。我們也更加了解到懷舊的影響力，尤其是它所引發的愉悅情感與驅力，包括喜歡藉由購物來回到過往的美好時光。不過，這些研究沒有深入到懷舊之情的心理結構，包括它的起源以及對個人福祉的影響。

從十七世紀末到二十世紀末，懷舊從可怕、致命的大腦疾病，轉變為愉悅和娛樂的泉源，還創造了數十億的商機。然而直到二十一世紀初，人們對於懷舊心理學還是知之甚少。現代行為科學家用各種方式去研究各種心理議題，卻鮮少研究懷舊之情。但情況已經在改變了，我也有幸成為這個新領域的研究者與開創者。

懷舊的新展望

在生活變得混亂、對未來感到不安時，懷舊能提振精神、帶來安定感與方向感。

近二十年來，懷舊心理學已蓬勃發展。現在已經有數百篇研究在說明，人類如何感受到懷舊之情以及它在日常生活中所扮演的功能。如今很難想像，懷舊以前還被當成是一種疾病，但它也不僅有娛樂功能。透過科學實驗，研究人員想要了解，哪些因素會引發懷舊情感、又會如何改變當前的生活？對於人們的興趣、目標以及行為有哪些影響力？

除了實驗研究，我們還進行了嚴謹的問卷調查，以了解它如何浮現，又與哪些心理特徵、生活經歷和行為模式有關。我們因此才明白，哪些個性、哪個年齡層的人比較容易懷念過往；而遇到生活的波動，如搬家、開始新工作、親友過世或天災時，是否更容易揚起懷舊之情。

過去二十年來，成千上萬的受訪者談到自己的懷舊回憶。我們才更全面地了解到，憶往事時內心會產生哪些變化。這些個人故事為我們的研究提供了寶貴的指引。

結合各種研究方法，我和同事們得到了不少新發現，並讓懷舊這項古老的情感體驗閃閃發亮。過去的學者、醫生和心理學家都認為，懷舊會造成個人的負面情況，但事實正好相反，是負面情況會引發懷舊之情。

當我們感到悲傷、孤獨、不安、人生無意義甚至只是感到無聊時，都會想起往事。在生活變得混亂、對未來感到不確定時，懷舊能提振精神、帶來方向感與安定感。雖然懷舊中有遺憾，但最終我們會因此感到更快樂、更踏實且更有自信，也會感受到他人的愛護與支持，並有能力去探索生活的意義。此外，懷舊還能激發行動力。懷舊始於對於珍貴記憶的回顧，進而促使我們關注外在事物、幫助他人及創造新生活。

雖然我研究懷舊數十年了，但仍對這個主題充滿著熱情，因為還有很多東西要學習，還有很多方法可以應用知識來改善他人的生活以及這個世界。

最後，拿出筆和紙，或是在電腦上簡要地記下你對以下問題的看法：

你認為懷舊是什麼？

你常常懷舊嗎？經常、中度或很少？

你現在所參與的各項活動，包括工作和興趣，是否多少受到往事的影響？

懷舊是否有助於你追求你目前的目標以及規劃未來？

找出讓你特別感動的往事，描述它的內容以及在你心中激發出的感受。

讀完這本書後，再來回顧這些答案。

重／點／回／顧

- 霍費爾醫生在一六八八年創造出「思鄉」一詞，用來描述瑞士士兵的一種神經性疾病。到了十九世紀，它則被認為是一種大腦疾病或生理問題。
- 在二十世紀初，心理學家開始將懷舊當成心理疾病。
- 最終，心理學家才承認懷舊的正向功能，包括激發出正面情感、理解自己的生活意義等。
- 研究行銷和消費心理學的專家首先採用量化方法來研究懷舊，以解釋長期以來廣告界如何利用懷舊來刺激購買欲。
- 目前已有數百項科學研究指出，懷舊不會引發負面情況，而是負面情況引起了懷舊之情。
- 懷舊能提升正面的情緒。生活艱難時，懷舊能帶來安定感與方向感，讓我們感到更快樂、與人更有連結，並激發新的行動。

第二章　回到未來

儘管違反大多數人的直覺，但懷舊不只關乎過去，它也與未來有關。更具體地說，懷舊有助於我們建立更美好的未來。

我知道這聽起來很荒謬，你也應該對此抱懷疑的態度。懷舊怎麼會與未來有關？渴望重新體驗往日的經歷與感受，對將來有什麼幫助？

可想而知，許多社會評論家、商業分析師和心理健康專業人士都在警告：懷舊對個人和社會都是有害的。他們認為，懷舊會妨礙我們充分活在當下以及規劃未來。懷舊是不健康的心態，不但會讓人沉迷，還會想要逃避眼前的挑戰。有些人甚至認為懷舊代表能力不夠或情感上不成熟，是由於抗拒改變所導致的。

有些人雖然對此不抱持負面的看法，但仍然認為那是一種脆弱的表現。雖然能帶來樂趣，但他們不相信懷舊有任何實質的價值，認為那只是在浪費時間，就像是在閱讀廉價的小說或者玩無聊的電玩，對個人成長毫無幫助。

正如我在第一章談到，長久以來，懷舊都被當成是弱點和有害的行為，會破壞健康和阻礙成長。但他們都錯了。許多對健康有益的活動都要適量，過度懷舊當然有負面作用，但大多數人不會過於沉溺，正如不會運動過度。

懷舊確實有正面效力，但現代人並未完全意識到它的力量，因此沒有充分加以善用。就像體能訓練一樣，懷舊可以用來改善個人生活。此外，它還有助於建立人際連結，激發你我對未來的願景，以促進人類進步和社會繁榮。

因此我強烈主張，懷舊是一種面向未來的體驗與感受，能改善你自己和其他人的生活，更能改變世界。這不是基於瞎猜或直覺，我統整了近二十年來相關的諸多科學研究，設法了解懷舊的起因，以及懷舊的多層次體驗，包括它如何影響到感受、態度、目標和行為。有些組織還用這套方法去改變環境。

感恩的心

懷舊帶有複雜的情感與認知內容，是靈感與希望的來源。

在網路上查詢懷舊的定義，首先會看到：「對過往的感傷、渴望或留戀，讓人想起往日快樂時光的經歷或待過的地方。」根據《柯林斯英語詞典》（*Collins English Dictionary*）的定義：「懷舊是在情感上或現實中渴望返回往日的某個時期或地方，回到自己的家園、鄉鎮或祖國，或回到家人和朋友身邊。懷舊是想念在某地或某個時期的幸福時光。」《劍橋詞典》（Cambridge Dictionary）的定義為：「回想起過去發生的事情時，心中出現愉悅的感覺，也帶有一絲惆悵。」其他詞典的定義也與此類似，都強調對過去的渴望，並伴隨著快樂和痛苦。

詞典的定義很有用，但還不能完整揭示出我們對某個概念的想法。事實證明，大多數人即使不知道詞典的定義，也對懷舊抱有類似的理解。不論在美國、西方國家或世界各地，也無論使用哪種語言和文化，一般人對懷舊的想法和感受都大致相同。

在一項英國研究中，薩里大學的心理學教授赫珀（Erica Hepper）以及南安普敦大學的維爾德舒特和賽德凱茲率領了國際研究團隊，透過十八組不同文化和社會的訪談者，以歸納各地懷舊概念的一致性與差異性，並發表了〈跨文化的懷舊：各文化下的原型概念〉（Pancultural Nostalgia: Prototypical Conceptions across Cultures）一文。

這些國家包括澳大利亞、喀麥隆、智利、中國、衣索比亞、德國、希臘、印度、愛爾蘭、以色列、日本、荷蘭、波蘭、羅馬尼亞、土耳其、烏干達、英國和美國。研究人員發現，各個國家的人們對懷舊的想法很一致：回想過往的感受，聚焦於珍愛的回憶。而且，即便生命中令人懷念的時光非常多，但大多都與童年和青年時期有關。此外，大家也都認為懷舊是社會性的情感，大多涉及到密切的人際關係。

大家也都認為，懷舊帶有複雜的情感與認知內容。在大多數情況下，懷舊與正向的情緒（如幸福感）有關聯，也會與渴望和失落有關。換句話說，懷舊是又甜又苦的滋味。與其他心情相比，這種混合的感受是懷舊的特點以及影響力所在。不過，不見得每個令人快樂的回憶都會引發往日情懷。懷舊帶有複雜的情感與認知內容，是靈感和希望的來源。透過它，就能重新理解過去的感受、抱負以及人際關係，使生活變得更有意義。

在我的研究中，有一位參與者描述了童年時與祖母度過的夏日時光。回想起那段快樂的回憶，她再次感受到祖母的關愛，但也感到悲傷，因為那些日子早已遠去，祖母也已不在人世。這些複雜的情緒聚合在一起，激發出她的靈感，而她希望將來自己的孫子也能感受到如此的愛和喜悅。我們永遠不知道與家人相處的時間會有多長，所以應該好好珍惜和把握。懷舊激發了感恩之情以及往前邁進的力量。

現在不妨練習一下，想想看有哪些回憶同時包含了正向和負向的感受，並讓你覺得感恩。

未來的補給站

懷舊幫助我們恢復社交生活。

我研究了懷舊心理學二十多年，但直到最近幾年才恍然大悟，懷舊與未來密切相關。

想當然耳，懷舊會帶我們回到美好的往日時光。但研究顯示出，每次重返往日時光，都是在為未來的旅程在打包行李。過去並不是真正的目的地，而是未來旅程的補給站。

自從二〇〇〇年以來，我持續與團隊中的心理學家共同做研究，包括測量懷舊之情所引發的感受。結論是，懷舊讓人感覺良好。花幾分鐘寫下一段往日時光或聆聽喜歡的老歌，就會感到更快樂、與親人更有連結感，也會覺得生活更有意義。這些都是懷舊所激發的正向情緒。

我多年來一直在記錄懷舊的正向心理效應，但仍未完全理解它所有的效用。但我主要還是將它視為一種防衛機制，也就是運用正向情緒來對抗負面情緒。換句話說，懷舊能提振精神，讓人恢復到穩定的心理狀態。當我們感到焦慮、恐懼、孤獨、悲傷時，只要重溫往日時光，就多少能減輕痛苦。

這絕對是懷舊的效用。我和其他的研究人員進行了許多研究，結果表明，心情不好時，會更懷念過往的快樂時光。從這個角度來看，懷舊是一種防禦機制，用以在面對困難時自我調適。

除此之外，懷舊還有助於引領我們走向更充實的未來。這裡先談它在人際關係中的效用。感到孤獨或孤立時，懷舊的社會功能就派上用場了；因為美好的記憶大多是與家人、朋友、伴侶有關。即使是以個人為主的回憶（比如達成重要成就），也會萌生對他人的感激之情。有位研究參與者談到，自己在高中時是非常優秀的網球選手，不但努力投入訓練、也拿到不少獎牌。這些成就都與他的人際關係有關，包括教練的協助和父母的支持。

因此，在感到人際脫節並渴望社交接觸時，思緒自然而然地會回到舊時光，重新感受到夥伴或親人的重視和支持。

在新冠疫情期間，我和妻子常常聊到以前的社交活動，包括出遠門去拜訪家人以及進城裡找朋友吃吃喝喝。我們渴望與親朋好友相聚、懷念不必擔心感染肺炎的美好時光。

這種懷舊有什麼意義？過去許多學者都覺得，這是在折磨自己，沒有什麼助益；你只是在提醒自己眼前無法擁有的事物。事實正好相反，懷舊讓人想起，即使在封閉的防疫期間，自己還是有關心的家人和朋友，而他們也關心著我們。雖然無法面對面交流，我們還是能在心理上與對方持續保持連結。懷舊是社交上的應變措施，能用來緩和在孤獨或孤立中的壞心情。換句話說，這也是心理防衛上的功能。

浙江大學商管學院的教授周欣悅在新冠疫情期間觀察懷舊如何對抗孤獨感，並總結成〈懷舊的恢復力：在新冠疫情期間提升快樂、阻斷孤獨感〉（The Restorative Power of Nostalgia: Thwarting Loneliness by Raising Happiness During the COVID-19 Pandemic）一文。當時有許多人都因為社交孤立而想念舊時光。她和團隊成員訪談了中國、美國和英國的民眾。他們發現，在那段日子感到孤獨和不快樂的人很多，但眾人都會借助懷舊的力量來保持快樂的心情。

在疫情期間，人們自然就會用懷舊來彌補社交生活的不足，以免痛苦不斷加劇、孤獨感不斷升高。

藉由往日與親友相處的回憶，我們才能提醒自己，與他們的連結尚未中斷。我們也會進而鼓勵自己，在未來要創造更充實的社交生活。

我和妻子回憶起過去的探親之旅時，也會籌劃未來的旅行計畫；聊起與朋友相聚的美好時光，就更期待下一次的聚餐和派對。我們甚至還想搬家和換工作，這樣才能拉近與家人的距離。

許多人都跟我們一樣，與親人隔離後，都在想著未來要改變生活方式，設法把時間都投注在人際關係上。為了與家人更常相聚，有些人想要找新工作、有些人想搬家，甚至有些人想提前退休。

懷舊讓我們做出這些重大的決定；在與親人和朋友分隔的這段期間，我們更渴望加強未來的社交生活。回想一下：

> 你在新冠疫情期間是否與親友隔離？你是否做了一些懷舊的活動，比如看看以前的老照片或影片、聽聽老歌，或是打電話與家人聊起過往的愉快時光？這些活動是否讓你開始思考疫情過後的新生活計畫。

因此，我們不只是為了找尋避風港而緬懷過去。懷舊除了是對抗負面情感的防衛機制，還讓我們主動出擊，將過去拉到當下並以此規劃未來。

不過，有些往事確實已經沒有影響力，那懷念它們又有何助益？舉例來說，我們常常看著已故親人的照片、想起跟他們的回憶，但這對未來有什麼幫助？雖然這一生不能再見到故人，但在懷舊追思的過程中，我們不會停留在過去，而是更懂得珍惜活著的親友。我們會提醒自己，生命是短暫的，要多與家人和朋友繼續分享有意義的生活。

雖然我們無法與往生者保持聯繫，但在懷念的過程中，我們會更加體會到人際關係的重要性。日常生活有太多瑣事了，我們很少停下來反思生活的目的和意義。而懷舊有助於維持清晰的思緒，把心智導向更有意義的情感、目標以及行動。

重／點／摘／要

- 懷舊有助於與人建立連結，並督促自己向前邁進、成長茁壯。
- 世界各地的人對於懷舊都有類似的感受與想法。它通常與童年和青春期的回憶有關，是對於往事所產生的情感，本質上都跟人際關係有關。
- 懷舊是複雜而影響力強大的感受，它混合了正向情感和苦澀感，所以跟其他的心理狀態不同。

- 花個幾分鐘想想美好的時光，便會感到愉快、對他人產生更強烈的連結感並覺得生活有意義。
- 透過懷舊來提醒自己，即使與家人或朋友暫時不能見面，對彼此的關心永遠都在。
- 回顧過去珍貴的社交經歷，鼓勵自己在未來的日子創造出更豐富的社交生活。

第三章 人類特有的三項認知能力

想要管控自己的行為，就要多花時間去思考自己的行為與自我概念的連結。

孩童的創造力和想像力總是令人驚奇。他們擁有原始又純真的能量，生活尚未受到局限，不像成年人要肩負一堆責任，且對人生充滿憂慮和懷疑。當然，成年人也會花時間想像過去和未來。

市面上許多受歡迎的書籍、影集和電影都是奇幻和科幻題材。《哈利波特》的主要讀者群雖然是青少年，但成千上萬的成年人也很愛。《權力遊戲》影集的主要收視族群都是成年人，當中有些內容也不適合兒童觀看。很難估算全球到底有多少人觀看過該系列影集，更不用說原版小說《冰與火之歌》在全球已售出約一億冊，並且被翻譯成五十種語言的版本。

許多電影公司也都知道，超級英雄不僅僅是為孩童們創造的。史上最賣座的前十名電影都是科幻與奇幻電影。位居榜首的是漫威宇宙系列，其他入榜的還有《星際大戰》、《魔戒》、《玩命關頭》、《神鬼奇航》以及〇〇七系列。有趣的是，當中最接近現實世界的主角有兩個：使用神奇裝置的間諜（詹姆士・龐德這一點跟蝙蝠俠類似）以及飛天遁地的飆仔（唐老大的家人們）。

成年人都喜歡這些超越現實跟物理法則的畫面與故事情節。但想像力不僅僅是娛樂的泉源，也是人類心智的本質特徵；我們在眾多物種中脫穎而出，就是靠著想像力。我們運用想像力去描繪出有神龍、巫師、超級英雄、外星人和殺人機器人的世界，也用它來推動科學上的進步。而對於古代人來說，今日許多高科技產品都像魔法道具，很難想像它們的存在。

在有辦法飛進太空前，我們必須先懷抱夢想，假設它有實現的可能性。如今我們已經多次完成這項壯舉，包括登陸月球、將飛行器送出太陽系以外的星球。不難想像，有一天人類終將會在其他行星上建立殖民地。但就在幾個世代之前，這個想法根本就是不切實際的科幻情節。因此，我們在腦中所想像出的畫面，將有機會在物理世界中實現。想像力是創新和進步的關鍵要素，想解決當前的問題、創作出高超的藝術作品以及突破體能的極限，都得靠它。

不光如此，要解決日常生活中的難題和實現目標，都要用到想像力。在準備工作面試的前一晚，我們大多會在腦海中模擬現場實況、進行沙盤推演。這就像在腦海中製作電影、編寫邁向成功的劇本，然後希望這個結局能成為現實。職業運動員在賽前也是這樣做準備，他們在想像中練習，並看著它們逐步實現。

霍諾德（Alex Honnold）是攀岩高手，是徒手爬上優勝美地酋長岩的第一人。在此之前，他已在腦海中演練過無數次，包括攀登到各個高度的內心感受。他在訪談中還提到，在準備攀登的前幾個月，他移除掉手機中所有的社交軟體，也不再回覆電子郵件，這樣就有更多時間去揣摩各種細節。換句話說，他大部分的準備工作都是建立在想像力之上。

另一方面，工作面試落選或參加比賽輸球時，我們也會在腦海中重複回顧過程，除了責怪自己，也是為了從錯誤中學習，好在下次能表現得更好。人類的心理活動豐富、多元又有影響力，當中有豐富的學習資源，足以讓我們改善現實生活。

為了認識懷舊心理學，我們必須先了解人類心理活動的獨特之處。當然，人類的認知系統極其複雜，而為了理解懷舊的本質與力量，最佳的途徑就是去探討當中的三項關鍵特徵：自我覺察（self- awareness）、時間意識（temporal consciousness）和符號思考（symbolic thought）

自我覺察

心裡想的事情會影響到在現實世界中的作為。

自我覺察就是反思自身的存在處境，它是人類獨有的能力，讓我們深刻思考生活、擁有自我控制的力量且不受制於原始的衝動。

在自我覺察的過程中，我們能更加釐清自己的行為準則。社會心理學家的實驗顯示，在看到自己於鏡中的形象和自己聲音的錄音後，當下的行為會比較具有道德感。迪納（Edward Diener）和華彭（Mark Walborn）在〈自我覺察對非常規行為的作用〉（Effects of Self-Awareness on Anti-Normative Behavior）中提到，受試者在聽到自己的聲音錄音時會覺得有點不舒服，感覺那不像自己的聲音，但這著實能讓人提升注意力，讓人更加想要自我批判。受試者更加意識到自己的表現，也更想依據道德標準行事。另一方面，失去個體性（比方參與暴動）或失去自我覺察的能力（例如酩酊大醉）的人，就會忽視道德規範。

簡單來說，想要管控自己的行為，就要多花時間去思考自己的行為與自我概念（self-concepts）的連結。自我概念就是你對於「我是誰」的答案，它們由自我基模（self-schemas）所構成，也就是你專門用來定義自己的自我敘事與身分認同。

培養高度的自我覺察力，你的一舉一動就會更加符合你對自己的認同。例如，有些人認定自己是健康人士，抽空就會多運動，並保持健康的飲食習慣。自我概念的特徵與標籤很多，比如「養生達人」或「貓派」，以此來代表你所認定的個人特點跟認同。

此外，培養高度的自我覺察力，你的言行就會更趨向既定的目標和計畫，以實現理想中的生活。當然，我們有時會達不到自我要求的標準，言行與自我概念相衝突。例如，生氣時，我們會不小心對家人或伴侶講難聽的話，而且說出口之後也會感到侷促不安。沒有人是完美無缺的自我管理者，但只要保持自我覺察，就能在大部分的時間管控自己的言行。

自我覺察也對社交生活有益。能與他人產生共鳴，是因為我們擁有一套「心智理論」(theory of mind)，既能考量到自己的心理狀態，也能顧慮他人的心情。看到其他人碰上壞事，我們就會運用心智理論，將自己擺放在對方的位置，想像他們正在承受的痛苦。這有助於培養同情心、與他人建立連結。

想要適應複雜的社交生活，非常需要這樣的能力。你我的個性、生活經歷、目標和信仰都不同，若要共存、相聚、一同應對挑戰，就得協調彼此的行為。

透過心智理論，才能分享彼此的心理世界。要說服他人去關心某個議題，除了展示相關的證據，最好的方法就是說出你自己的親身經歷、設法打動對方。

舉例來說，為了說明城市的遊民問題越來越嚴重，我們可以拿出統計數字，但如果請這些無家者現身說法，向大家訴說他們的無奈與痛苦，就能獲得更多的同情與關心。

我有個好朋友是律師。為了親身體會沒有住所的痛苦，他曾窩在紙箱裡、在街上度過了一整夜。在短暫的餐風露宿中，他才感受到日常生活中不會出現的無助感。從此以後，他更加願意奉獻時間和金錢，以協助解決無家者的問題。他們跟許多朋友講過這段經歷，而大家也感受到這問題的嚴重性。由此可知，得知身邊的人遭遇困境時，只要發揮自我覺察的力量，就能感同身受他們的痛苦。

時間意識

人類不僅有自我覺察力，也是心靈上的時空旅行者。只要運用想像力和記憶力，就能回顧過去和設想未來。這對自我控制也很重要。在求職面試的前一天，在腦海裡想像現場的各種狀況，將自我投射到未來的可能情境裡，就是在心靈中進行時空旅行。面試結束後，我們也會倒轉時間，以回顧自己的表現並設法改進。其他動物也有時間意識，但人類在這方面的能力特別強。我們可以回憶起小時候發生過的事情，也能想像一兩百年前發生過的歷史事件。我們能夠想像未來世界的樣貌，即使那時自己已經不在世上了。

我們還可以想像他人的過去與現在的生活；與家人、伴侶或朋友有實質上的連結後，就能將對方與自己的故事融合在一起。舉例來說，經歷過大蕭條時代的長輩，會將自己培養的美德與獲得的教訓傳承下去，直接或間接地影響後代的生活。有些人會變得非常節儉，並把生活重心擺在家人身上。我們在腦海裡想像的事情能化成現實的行為；在形成集體經驗後，就會傳承給下一代。

有了時間意識，人類才能設立目標並努力邁進。因此，我們會花許多時間想像實現目標時的情景。幾年前，為了參加半程馬拉松，我去接受教練的指導。我從來沒有跑這麼遠過，所以前幾週的訓練很難熬。跑五個公里我已經筋疲力盡了，更不要說半馬要跑二十一公里了。但我知道，只要持續訓練、慢慢增加距離，未來終將有辦法跑完。我在心裡進行時空旅行，想像幾個月後穿越終點線的情景。

不管你有哪些重大目標，如買房、提前退休、環遊世界、創業或者保持健康，都得靠著想像未來才能實現。設定好方向後，不時在內心來場時空旅行，並踏實地慢慢實現那目標。

除了想到未來，為了實現目標，我們也會回到過去懷舊。想想看：

在追求人生目標時，你如何運用心理上的時空旅行？哪些過往的生活經歷對你有意義或影響力，讓你塑造出目前的目標？過去的失敗和成功對你帶來哪些啟發，讓你在每個當下逐步向前邁進？根據過往的經驗，哪些目標對你和身邊的人有益？

我們用過去的經驗來形塑對未來生活的期望。面對生活中的重大決定，過往的經驗是必要的依據。有些人在選擇職業時，會回想起童年時期的榜樣。想要避免重蹈覆轍，也必須回顧過去，才能思考當下選擇的後續效應。畢竟，今日的決定會影響到明天的生活。

符號思考

想像力與符號思考密切相關。你能理解本書的詞語，是因為大腦能理解文字和符號。「披薩」這兩個字可以讓人想到：麵團、醬料、起士以及其他配料。有了符號思考的能力，我們才能用這些奇怪的線條組成文字，並向他人傳達披薩的概念。

符號思考也是人類社會的建立基礎。符號是具體事物的抽象表徵，不但可用來溝通，也能傳達信念、認同以及生活經歷，並激發出各種情感。

記者巴拉德（Jamie Ballard）於二〇二〇年的文章〈一半的美國人認為政府應立法禁止燒國旗〉中寫到，許多民眾認為這是違法行為，而且令人反感。絕大多數的人都說，他們對自己的國民身分與國家認同感到自豪。因此，國旗不只是一塊布料，而是象徵著重要的信念與身分認同。

社會心理學家的研究也顯示出，人們都不願意濫用自己所珍視的文化符號。在某項實驗中，受試者得把一個物體釘到牆上，但房間裡唯一可用來當作槌子是一個十字架。研究人員發現，受試者都會猶豫很久，最終拿起來時，也面露難色。在另一項實驗中，受試者得損壞一面國旗才能完成任務，而他們也是撐到最後一刻才做。[1]

符號思考也包括比喻。學者們分析了各種不同類型的文本，包含學術著作、新聞報導、小說以及日常對話，發現在英語世界中，有百分之八至十九的比喻性內容。[2]

比喻是好用的語言工具，能讓故事、詩歌和文字交流更加豐富而有美感。認知科學家發現，它的作用還有更多。

首先，我們能用具體的事物來形容抽象的概念。比方說，大家都知道人不會發光，但會用「如陽光般燦爛」、「照亮了我」來形容某人的笑臉及個性，因為陽光會令人聯想到明亮、溫暖等正向的特徵。

幾年前，我和同事們進行了幾項研究，以觀察比喻在自我概念、宗教信仰和精神生活中發揮的功用。我們請受試者回答：「不論你對生物學了解多少，你認為自己身上哪個部位與自我最有關係？」答案有兩個：大腦或心臟。結果有一半的人選擇了心臟，一半的人選擇了大腦。[3]

自柏拉圖的時代以降，西方人一直用頭腦與心靈來代表不同的思維方式；前者是邏輯或理性（「動動腦、發揮批判力」），後者則與直覺和情感相關（「相信你的直覺或感受，跟隨自己的內心」）。

我們研究人員想知道，這套簡單的二分法，是否能呈現出每個人投入宗教的程度。結果顯示，與宗教信仰相關的是直覺，而不是理性。有些人對直覺的效用不以為然，但事實證明，我們能從中感受到生活的意義。愛、敬畏、驚奇、希望和啟發都是從直覺而來。要解決數學、科學或邏輯上的問題，就得依靠理性思維，但要尋求靈性上的啟發時，便需要直覺。

我們的結論是，比起自認理性的人，重視心靈生活的人更相信宗教。當然，每個人都是頭腦和心靈、理性和直覺的混合體。科學家和律師在工作上運用理性思維，但進入到社交或宗教場所時，就可以切換到直覺模式。

懷舊是高階的認知能力

自我覺察、時間意識以及符號思考，共同組成了多采多姿的心智世界。近年來，許多科幻電影和書籍都描述到，未來人類會生活在虛擬世界中。也許有一天，意識能上傳到雲端後，人類的生命將不再受到死亡的局限。無論這些科技最終是否會實現，但光是能想像那些畫面，就已經是高階的認知功能了。研究指出，大腦消耗了人體百分之二十的能量，比其他器官都還要多。[4] 心智世界是你我生活的重心，當中包含了希望、恐懼、回憶、抱負、他人的想法以及各種有趣的活動。

人類的心智如此獨特，全都有賴於大腦複雜的運作機制，所以懷舊是一種非比尋常的能力。

懷舊是一種複雜的認知過程與情感體驗，它需要自我覺察、時間意識與符號思考等三項能力。

從第一項能力來看，雖然懷舊會使人更善良且樂於助人，但回憶過往時，焦點都在自己身上。當然，我們也會想像跟自己無關的往日時光，這種心態反映在藝術、娛樂、愛好和興趣中。例如，古董收藏家會對自己出生前的某個歷史時期非常著迷。不過大部分人想念的老東西都是跟自己過往生活與人生故事有關。

其次，懷舊就是心靈的時空旅行，這就得用上時間意識。

最後，我們會保留各式各樣的紀念品，是因為它們象徵了珍貴的回憶。比如說，當你拿到長輩給你的傳家寶時，就能將自己的人生與家人的過往時光交織在一起，並延續你們的家族故事。

自我懷疑和焦慮

懷舊有助於面對自己脆弱的一面。

說明完人類所獨有的複雜認知能力後，接著要解釋懷舊之情為何會頻繁出現。研究發現，八成的人每週至少會出現一次懷舊心情，也有人出現好幾次。[5]

前面我們提到懷舊的功能，接下來要談它的必要性。認知能力會帶來創造力、管控力、動機和目標，但也會產生弱點。

舉例來說，我們都害怕上台演講。雖然這件事情不會危害自身的安全，但受到自我覺察力的影響，我們會擔心分享的內容被聽眾嘲笑。反芻思考過度，就會懷疑自己的能力，並害怕失敗。既然我們能設想未來的情景，當然也會想到負面後果：簡報內容太差、升官無望、被同事當成魯蛇。

隨著年紀增長，自我意識會越來越明顯，也更擔心他人對自己的看法。這種擔憂是有好處的；接收到對方的回應，才能調整社交技巧，與他人好好相處。但越是擔心他人的想法，就容易被他人的負面言行所傷，因而感到焦慮和悲傷。

因此，心智成熟度越高，焦慮感也就越嚴重。不過，懷舊這時就能派上用場。我們能用它來理解生活的意義，找出未來的方向。接下來，我也會教你如何善用它的各項功能。只要多加練習，你就知道如何從往事中尋求安慰和動力，並成為一種習慣。

在遇到混亂、令人痛苦和焦慮的事件時，我們都會回顧過去，藉以穩定並找出希望。了解懷舊的運作原理以及它對成長的助力，生活便能更加充實。

重／點／回／顧

- 解決問題、制定目標、與人建立連結、藝術創作都有賴於想像力。
- 自我覺察、時間意識以及符號思考是人類獨有的認知能力，也是構成懷舊的要素。
- 反思自己的存在意義與自我控制都建立在自我覺察上。
- 運用時間意識，就能神遊到過去和未來，並設定目標、努力邁進。
- 符號及象徵物有助於人際交流、充實精神生活、找出身分認同以及生活意義。
- 懷舊是重要的心理工具，用來化解人類專有的不確定感和焦慮感。

第2部

自我成長的動能

第四章 人設與自我認同

懷舊是社會性的感受。

我是誰？今天的我身上有哪些文化、身分、生活經歷、性格以及其他屬性。我還是以前的那個我嗎？或者已經在根本上發生了改變？我真的了解自己嗎？也許我一直在過著充滿謊言的生活，與內心深處的真實自我脫節？別人真的能了解我嗎？

很少人會時常問自己這些問題，但在人生中的某些階段，都不得不去面對。人類是地球上自我覺察力最高的生物，會花大量時間在腦袋中探索、塑造、維持以及保護自我。心理學家一直在研究自我的概念，包括它如何影響個人的感受、信念、目標和行為。這是一個龐大且多樣化的研究體系。

根據美國心理學會的定義：「自我（self）為個人的整體面向，包括個性和特點、意識和無意識、心理和生理狀態。」這個定義相當廣泛，而心理學家在研究自我時，通常會專注於具體的特徵和成長過程（如個性或行為動機）。

自我的核心特徵是「自我概念」。實質上來說，就是要回答「我是誰」。每個人都具有多重身分，你可以同時是：母親、妻子、會計師、跑步愛好者、園藝愛好者和古董收藏家。每個身分都代表你一部分的自我，也就是你自我核心（self-centrality）的某一面，不同身分的重要性都不同。

某個身分對自我概念越重要，就能帶來更多的影響力與行為動機，而個人對它的成功和失敗也會更加敏感。舉例來說，對於某位母親來說，園藝愛好者這個身分是其次的，她所投入的目標和活動都會以家庭為優先。母親的角色扮演好，她會感受到正面情緒，反之則心情不好。透過自我概念，我們得以確立生活的優先事項和展望，並判斷哪些事情會威脅或增強自信心。

有些自我概念是我們無法控制的，因為它們是由基因或環境所決定的。我們無法決定自己的個性是內向還是外向，也無法決定自己的父母是誰、出生地在哪裡以及何時出生等等。性格和生活經歷常常是無法選擇、在無意識的情況下產生的。

人類有高度的認知能力，可以決定定義自我的成分。雖然許多特徵和經歷是自己不能決定的，但我們有能力拿出優勢去面對挑戰。正如廚師能用各種食材製作美味的佳餚，我們也可善用自己的性格和經歷，進而塑造明確的自我概念。

懷舊在這方面非常重要。透過往事，我們能編寫自己的人生故事或心路歷程，定義自我概念。我們無法選擇人生會遇到什麼事，但可以編輯、剪接這些素材，設定自己的特色與定位，創作屬於自己的故事。

往事的主角都是自己

從前許多學者、作家以及醫師都將懷舊視為某種疾病，但我和同事反而想知道：回顧過去時，我們到底都在想些什麼？我們檢視了許多跟懷舊相關的文字紀錄。幸運的是，我們找到了《懷舊》（*Nostalgia*）這本雜誌，它收錄了許多人的懷舊故事，字數大約一千五百字，投稿者的年齡從二十到八十都有。我們的研究團隊統整了這些文章，設法捕捉懷舊的實際內容。

人們最常寫下的主題是人際關係（家庭、戀人和朋友），其次是人生大事（畢業典禮、婚禮、渡假以及家庭聚會）。結果顯示出，懷舊是社會性的感受（我將在本書第三部分詳細探究）。

我們還發現，自我在這些故事中都占有重要的地位，也就是主角。換句話說，往事雖然都帶有社會性，但當事人會把自己的感受當作核心。這是有道理的，懷舊就是從個人的視角去重新審視往事。

在接下來的研究中，為了確保上述論點對廣大族群都成立，我們招募了許多大學生，並請他們寫下一段往事。[1]當中最常見的主題也是人際關係和生活大事。同樣地，主角也是當事人。二十年來，其他數十項研究也都證實了我們的論點。

懷舊在本質上是自傳性的。在懷念過往經歷時，我們不是他人故事的配角，也不是單純的觀察者，而是在釐清並且定義自己在生活中所扮演的角色。

社會生活就像電影一樣，當中有許多不同的角色。回顧過往，我們會突顯出自己所扮演的角色，並留意自己對社會和文化有什麼貢獻，進而了解自己是誰。不妨練習看看：

回想一段讓你感到懷念的往事，沉浸一段時間，然後花幾分鐘寫下你的感受，並檢視當中有哪些身分認同。定期進行這樣的練習——每天一次或每週一次回想不同的往事。過一段時間後，設法統整不同的往事，看看有哪些相似的主題與身分認同構築出你的自我概念。

找回生活的熱情

懷念的往事都是以自己為核心，有助於記錄與理解自己的人生故事。

每個人都有許多不同的身分，也會因此有不一樣的作為，其中有些會影響到自我概念以及重要的生活面向。不過，我們常常處於自動導航模式，沒有去檢視這些行為是否符合自己的價值觀。當然，每項行動都要仔細分析的話，什麼事情也做不成，所以我們才需要自動導航模式。繼續向前、把事情做完是首要目標，想太多只會讓人猶豫不前。

不過，我們的行為很容易受到社會風氣所影響，而無法完全符合自我認同和既定目標。例如，有的人深信，比起賺錢炫富，照顧家庭是人生最重要的事情，但為了讓家人住在舒適豪華的社區，他卻得不斷工作，沒時間與家人相處。他並非刻意地將名利置於家庭之上，只是被環境推著走。因此，若想要生活與自我概念保持一致，就要更有意識做出生活決策。

在懷舊過程中，我們能重新定位最重要的事情。懷念的往事大多與自我概念有關，有助於記錄與理解自己的人生故事。前文提到，在懷舊的記憶中，自己就是主角。研究也顯示，比起其他類型的記憶，令人懷念的往事更能呈現自我概念的核心。

在一項實驗中，以色列的心理學教授史黛芬（Elena Stephan）將參與者隨機分配到不同組別，並分別寫下這三種記憶：懷念的往事、好事情與不好不壞的事情。[2]研究人員想看看，相較愉快、平凡的回憶，懷念的往事對的自我感覺會產生哪種影響。

參與者寫完被抽中的記憶類型後，接著要說明它反映了哪部分的自己。研究人員發現，寫下懷念往事的人大多認為它反映了真正的自我，而抽到其他兩種題目的參與者就沒這種感覺。由此可知，懷舊能呈現出自我概念的核心。

在另一項實驗中，南安普頓大學的倫頓（Alison Lenton）教授也請參與者們寫下一段能反映真實自我的往事，而對照組則寫下不像自己的回憶。[3] 寫完之後，研究人員請兩組參與者說明那些內容是否令人感到懷舊。果然，前者認為那是令人懷念的往事，而後者就沒有特別的感覺。

堪薩斯大學的馬修・鮑德溫（Matthew Baldwin）也想了解：懷舊是否能幫助人們維持日常生活與核心自我概念的一致性。[4] 在第一項實驗中，研究人員請受試者回想起某段記憶，並沉浸在其中。接下來，受試者得回答，這過程中他們感受到多少懷舊之情。最後，受試者得說出，他們感受到多少的真實自我，以及自己是否得遵從外在社會的約束與限制。

研究人員發現，如果那些往事能激發出高度的懷舊之情，受試者就更能意識到真實的自我，且較不會擔心別人的眼光。換句話說，懷舊能讓我們著重於自我概念的重要感受與目標，而較不會擔憂他人的評價。

鮑德溫的團隊繼續研究，懷舊是否能讓我們更加專注於自我概念以及有意義的人事物。結果顯示出，受試者花幾分鐘時間寫下一段懷舊記憶後，會覺得更加了解真正的自我。除此之外，常常懷念往事的人會覺得更加了解自己，其他人就沒這種踏實的感覺。

由此可知，懷舊有助於釐清自我。在我的研究中，有位參與者談到他如何愛上農耕。以前每天放學後，他都很期待和父親坐在農機上巡視農場，這是他童年中最美好的時光。

各類型的記憶都有其用途。善用回憶和經驗，就能避免陷入困境，或在方向不明確時做出更明智的決定。你所經歷過的成功與失敗都對當下和未來的決策有所助益。而令人懷念的往事更有助於確立自我概念，將精力集中自己在最在意的事物。不妨練習看看：

回想一段令人懷念的往事，它包含了你的自我概念與核心特徵，並花幾分鐘寫下來。現在，反思你眼下的生活，它是否符合那些核心特徵？如果不是，你是否會想要做出某些改變？如果符合，請至少提出一項具體的目標，並繼續強化你的自我概念。在日常各種活動中，多多利用往事與回憶來重新連結你的自我概念與核心特徵。想想當年做了什麼事情去實現了你的自我概念？如今有沒有類似的活動可以繼續投入？

隨著年齡的增長，生活環境和肩上的責任也會發生變化，你會覺得無法再做一些事情來定義自我，並感到失去了自我概念與核心特徵。但真正困住你的是想像力。也許你年輕時是頂尖的長跑選手，但現在你事業繁忙、有了家庭，就沒有時間好好訓練，而體能也確實退化了。那段巔峰時刻已離你遠去，那懷舊又有什麼用，你又該如何重新找回自己的跑者認同感？

當然，你不可能重現過去的一切，這也不是懷舊的功用。你年輕時的活力不會再回來了，但心境可以。成為頂尖長跑選手的心理特質，仍然沒有消失。

因此，你不必再像年輕時一樣去挑戰體能的極限，還有許多領域能讓你展現你的自律和專注力，比方下棋或冥想。因此，最重要的是心態：自我管控、尋求表現、追求成就與成長。你可以懷舊中重新點燃熱情。

自我連續性（self-continuity）的安定感

認識過去和現在的自己兩者之連結，心理和身體才會更健康。

釐清你認定的自我概念中有哪些重要的面向，並定期提醒自己去留意，就能過著有意義、忠於自我的生活。自我的存在是跨越時間維度的，並不只是活在當下，所以我們才有懷舊的心情。在腦海中時空旅行，我們才能定義自己。思考自己過往的面貌，才能理解自己當下的面貌，並連結與想像未來的自我。

舉例來說：你想要吃得更健康，所以會想像出變成養生人士的自己。為了實現這個目標，你會思考現在可以改變什麼，也會回顧過去，自己因工作壓力大吃了很多垃圾食物，雖然小時候母親都會幫你準備營養的午餐。你也可以借助自己過往在工作上的成功經驗，邁向健康飲食的目標。

因此，串起自己不同的生活經歷，對現在和未來都有助益。積極建立起跨越時間的自我連結，維續自我的連續性，就能在不同的時間點保持內在的穩定。因此，過去、現在以及未來的特質都是有關聯的。

大多數人都能意識到，隨著時間推移自己改變了什麼。若心態和觀點更成熟了，生活經驗也更豐富了，我們就會覺得很安慰。除了成長，我們也很渴望內在的穩定感。

有些意外事故與神經疾病會使人喪失記憶、改變個性，但沒人想要遇到這樣的事。身體會變老，我們都希望「自我」能大致上保持完整。心理學家也發現，自我連續性對社會的繁榮至關重要，若人們都理解到過去和現在的自己相互關聯，身心就會越健康。相反地，若感覺過去和現在的自己關聯性很低，就會承受巨大的心理壓力，甚至導致自殺。[5]

而懷舊有助於維持自我連續性。我們在第一章引用過，社會學家弗雷德・戴維斯在一九七九年提到，感到與過去脫節時，懷舊有助於維續自我連續性：「懷舊有助於應對生活的重大變化。我們會更懂得欣賞以前的自己，並放下不愉快的回憶，以正向的方式重新詮釋自己過往那些矛盾、古怪又不被理解的一面。這樣一來，就能確立自我在成長過程中的各種定位。」

後續有許多研究都建立在戴維斯的理論基礎上。學者們進一步證實，懷舊有助於強化自我連續性，以應對身分中斷（self-discontinuity）的處境。在一項研究中，我和同事想要知道，人們在喪失身分時是否更容易發出懷舊之情。[6]我們提供給參與者一份會導致身分中斷的清單，包括離婚、喪偶、搬家、破產、睡眠習慣改變等等。參與者指出自己的遭遇後，接著回報出現懷舊之情的頻率。經過統計後，生活變化多的人，確實比較容易懷念往事。

雖然生活變化多，懷舊之情就越頻繁，但我們還不能確定，身分中斷與懷舊的關係，也無法證明懷舊真的能維持自我連續性。對一般人來說，能帶來成長的正向經驗才有價值，我和同事也認為，只有在經歷到負面的變化時，人們才會透過懷舊來保持自我連續性。換句話說，我們的推斷是：當身分中斷威脅到個人所重視的過往經歷與珍貴的回憶時，人才會求助於懷舊。

為了更明確證明上述想法，我們以大學生為研究對象，因為那時是人生出現重大變化的時期。[7] 許多大學生離開了家人和兒時朋友，並為了未來的生涯發展而感到焦慮；他們的心中容易有不穩定感，並與舊時的自己和往日的人際關係慢慢脫節。這也是快速成長的時期，因為大學生最容易接觸到新的想法以及認識各地的同學。這些新鮮的經歷有助於釐清自己的自我概念，並激發他們去追求有認同感的目標。

我們找來了許多大學生，分成三組後，請他們閱讀一篇有關心理研究的文章，內容談到青少年在進入大學後的生活轉變。但實際上，三組受試者讀的文章都不同：第一篇談的是大學時光造成的負面變化，第二篇是它所帶來的正向影響和個人成長，第三篇的結論則是中立的。讀完文章後，受試者填寫問卷，回報自己對過往生活的懷舊程度。藉由這樣的實驗，我們便能判斷是否只有負面的身分中斷才會產生懷舊情緒。

結果發現，懷舊果然是負面身分中斷才會出現的心理反應。閱讀第二篇與第三篇的受試者的懷舊心情差不多，但閱讀第一篇文章的受試者特別想念上大學前的生活。也就是說，生活變化是負面的，就更容易有懷舊心情。

後續其他研究都顯示出，生活發生變化不必然會讓人懷舊，而是在失去社會連結

(social bond)、價值觀和自我信念時，才會回望過去。

不過，這還不能證實懷舊有助於維持自我連續性。於是我們又找來了另一組大學生，並將他們分成三組。[8] 第一組受試者花幾分鐘時間去回想懷念的往事，第二組受試者回想一件不好不壞的往事，第三組則回想一件正向的經歷（第三組是為了判斷懷念與正向經歷哪個對保持自我連續性比較有效）。回想之後，受試者便填寫問卷來確認自我連續感，問題包括「是否感到與過去的自己有連結」、「我的生活是否有連續性」等。

結果發現，回想懷舊經歷的受試者的自我連續感比較高，也就是與過往生活的連結感比較高。我和同事接下來發現到，透過懷舊提升自我連續感後，心理健康也強化許多。

公衛專家伊斯梅爾（Sanda Ismail）的團隊研究顯示，對於身分中斷特別敏感的人（如失智症患者）來說，懷舊有助於激起自我連續感。[9] 他們發現，這些人的懷舊回憶很完整，與一般人的差距不大。儘管他們有認知障礙，但對於美好經歷的感受還是很強烈。對於輕度與中度的失智症患者來說，懷舊能提升自我連續感。

研究人員目前仍致力於製作照護手冊以及研發其他的介入措施，以設法幫助失智症患者、其家人和照護者。認知能力衰退會引發一連串的個人和社會問題。比方說，失智症患者的「情節記憶」喪失後，自我概念會變得支離破碎。懷舊無法阻止認知能力衰退，但有助於維持自我感，從而提升患者的生活品質。試試看：

遭遇令人不愉快的重大變化時，回想一下懷念的往事，並試著用它們來維持穩定的自我感。

懷舊記憶伴我們度過人生旅程，包含不穩定或讓人受苦的困境。在天災中痛失住所的人當然心情會很沮喪，但他們還是很慶幸能大難不死。身外之物可以再找，但家人和伴侶是不可取代的；雖然災難奪走了房子，但無法抹去和家人在裡面相處的回憶。

找出更有動力的目標

我們前面提到，懷舊有助於讓人理解自我概念並將它列入日常生活的優先考量。接下來我們會繼續說明，懷舊如何幫助我們向前邁進。

我們都希望能實現成就、成長茁壯，若感覺到當前的生活任務不符合自己的認同時，就會苦惱萬分，對那些活動失去熱情。目前已經有相當多的研究顯示出，由內在所驅動的目標（相對於金錢、地位和社會認可等外部因素），才能帶來熱情、也才最有實現的可能。

若你感到迷失、與自我脫節、不確定該何去何從，那不妨回顧過去來找出前進的方向。試試看：

想想看，有哪些生活經歷令你非常懷念，它們又呈現出了你自我概念的哪些面向？而你會想要用它們來打造出更有意義的未來。

重/點/回/顧

- 自我概念包含了你的各種身分。而占據核心位置的身分會驅動你的各項行為。

- 自我概念無法完全由個人所決定，因為基因和外在因素都會產生巨大的影響。不過，你還是能決定大部分的自我概念。
- 自我概念所驅動的目標會讓人更有動力完成。透過懷舊，就能找出與自我概念一致的經歷和目標，並擺脫社會所強加的無謂壓力。
- 透過自我連續性，就能在時間流裡持續感受到穩定的自我。在面對會導致身分中斷的困境時，懷舊能提升自我連續感。
- 經歷到負面的人生變化時，更容易發出懷舊之情。

第五章 肯定過去的自己，維持適度的自尊感

想要成為有高度自我意識同時又充分社會化的人，就不能太常擔心別人如何看待自己，對自己也要有持平的看法。在現代世界（特別是在高度個人主義的西方世界），教育人士都會強調，無論他人的看法如何，都要先愛自己、擁抱自身的獨特性、有自信地表達自己的想法。即便如此，我們還是不自覺地想藉由他人的認可來建立自信心。

另一方面，自信過度則會導致人際關係以及工作上的問題。例如，太過自戀的人就看不到他人的意見與批評，不但難以共事，更無法與人共同生活。若有人對他提出善意的建議時，他便會關閉心門，甚至加以反擊。

自我厭惡感太重的人也會遇到很多困難。不管有多少人前來關心，憂鬱症患者很容易感到自我價值低下，所以治療的核心在於改善扭曲的認知內容。治療師會先幫患者辨別

他們對現實的負面看法，接著加以駁斥，讓患者能學會樂觀地看待事物。

以上這些情況都顯示出，自我評價與社交生活會相互影響，若能明智地接受他人的看法，就能改正自己的錯誤。如果你我都不肯參考他人的意見與批評，那社會將無法運作下去。當然，這方面要達到平衡狀態並不容易。有些人小時候被同學嘲笑和欺凌，導致自尊心低落、心理受創。即便如此，適度接納他人的看法還是很重要的。

我們無法控制他人如何看待自己，也無法隨心選擇自己的社交圈。我們也許有能力決定住所、工作環境以及朋友，但總得與各式各樣的人打交道，有些人能帶來正面的效應、有些人只會帶來痛苦和折磨。

因此，在尋求他人的認可時，也要培養出強健的心理素質，這樣才能在面對他人不公正或傷人的行為時，繼續保有你的自尊。同樣重要的是，在面對失敗、自尊心受傷時，不要築起防禦的心門，而是以有建設性的態度來回應。懷舊能實現這些目標，幫助人們培養韌性、保有自尊，並持續不斷地成長。

自尊感（self-esteem）

擁有適度的自尊感，才能提升生活適應力。

有些人認為，自尊感並不重要，而是該多關注其他的心理特質，例如自我控制。這種說法是有點道理，現今美國流行的各種自我激勵法，反而會助長自戀、令人與社會脫節。

對孩子過度肯定（每個參賽者都能得到獎盃）和過度縱容，會在無意中助長孩子的傲氣，使其缺乏謙遜以及同理心。在消費主義影響下，人的虛榮心不斷助長，變得越來越沒安全感，進而產生社會、心理與經濟問題。許多人為了打造光鮮亮麗的外表購買名車、豪宅、珠寶等奢侈品，而背負沉重的債務。

在過去十幾年來，許多心理學家和教育家所提倡的自尊運動，並未能帶來預期的成效。老師透過各種方式要提升學生的自尊感，但沒有明顯的成果。年輕人的憂鬱和焦慮狀況也越來越普遍。目前還是有許多學者在強調自尊感。[1] 顯而易見的是，自尊並非一切，許多用來提升自信的策略，反倒可能會助長某些社會問題和讓人心理更加脆弱。

有些學者認為自尊感是西方社會才會強調的特質，但這種論點並沒有得到科學上的實證支持。自尊感是人類普遍的需求，無論生活在哪種文化底下，人們都想擁有它。[2] 大家都想要對自己有正向的感受，並符合主流的社會與文化標準。

社會過於強調自尊、甚至把它建立在錯誤的基礎，因而忽略了其他的心理特質。當然，自尊感對個人的整體福祉非常重要，自信心太低的人身心都容易出問題，而自信心太高的人有侵略性。自尊低的人比較壓抑、常常有挫折感，所以比較不願照顧自己和幫助他人。所以每個人都需要適度的自尊感，以培養較高的生活適應力，這也是懷舊的另一種助益。

深刻的人際關係與懷舊收藏品

懷舊帶我們找尋更有價值、更持久的自尊感來源。

剛開始研究懷舊心理學時，我和團隊想先驗證：懷舊是否能提升自尊感？我們有多個理由去相信這一點：

首先，既然懷舊記憶的主角是自己，我們就能記得自己在世上的定位。

其次，懷舊記憶是社會性的，對象包含了自己最關心的人。而自尊感也是社會性的，感到被愛和被重視時，自尊感會提升；感到被拒絕和被低估時，自尊感會下降。美好的往事包含了被愛和被重視的感受。

第三，懷舊記憶都很珍貴，即使生活會遭遇艱難或變動，甚至令人痛苦難忍，但也充滿了正向的經歷。

由這三點我們可看出，懷舊有助於提升正向的感受。在實驗中，研究人員請第一組參與者寫下懷念的往事，第二組參與者寫下一般的生活經歷。寫完之後，研究人員再請他們填問卷，回答「是否產生正向態度」、「對自己是否滿意」等問題。不出所料，寫下懷舊經歷的參與者自尊感明顯較高。[3] 二十年前進行了這項實驗後，其他研究也得出了類似的結論。[4]

能提高自尊感的活動和經歷非常多，但有些人的自尊感來自於青春的外表與吸引力。

美國人每年花費數十億美元在整容，受訪者表示，這樣是為了讓自己感覺更好、更像是年輕時的自己。類似動機都顯示出，外在美深深影響到他人的自我概念以及自尊感。

不過，過度依賴並打造外在美，最終也是會血本無歸；無論做了多少次整容手術或鍛鍊多少肌肉，肉體都會隨著時間的步伐而日漸衰老。過度強調外在的面向，我們就會忽略，其實有許多事情能培養多元且持久的自尊感。許多老年人都表示，自己在年輕時應該少花點時間迎合外在價值（如美貌和財富），而是多多關注家人、朋友以及鄰里社區。

有些人為了迎合外在價值、提升自尊感，反而健康受影響。在二〇〇〇年代初，日曬美容非常流行，女大學生無不趨之若鶩。研究者發現，重視外在吸引力的年輕女性都想曬黑，那怕要冒著罹患皮膚癌的風險。她們認為，這樣能提高自尊感，而且非常羨慕媒體上那些穿著比基尼、膚色黝黑的性感女性。[5]

幸好我們在研究中發現，人們也會主動發現曬黑的缺點，但不是因為得知它對身體的危害。研究人員讓年輕的女性受試看欣賞白皙美女的照片（例如葛妮斯．派特洛），並成功減低她們想曬黑的動機。

另一方面，年輕男性也會為了追求自尊感而開快車，以滿足強悍又酷勁的形象。[6] 社會心理學家發現，這就是自尊感的實際影響力。做決定時，我們會先優先考量自尊感而非身體健康，是因為後者的效應不會馬上出現，但前者是最直接而明確的感受。你我都需要獲得社會認同，尤其是年輕人。這看似愚蠢，但他人的看法其實有助於物種的生存和繁衍。自尊感讓我們與外在世界有所連結，而為了尋找適度而持久的關係，我們更可以借助懷舊的力量。

懷舊的回憶大多牽涉到個人的社會經歷，也就是與外在世界有關。當中包含了重要的人際關係，也就是會重視你內在特質的家人、好友或伴侶。這些是深刻而持久的關係。相反地，不重要的人只重視你的外在特質，如美貌、地位和財富等；這類人際關係短暫又容易受損。因此，專注於維持重要的人際關係，才能獲得穩定且適度的自尊感。

有些人的自尊感總會是受到他人的看法與社會認同所影響；有些人際關係建立於外在吸引力、身材、社會地位、名車或財富上。你覺得這些人際關係是否健康、能長期持續下去嗎？當然不是。但可惜的是，這些外在的自尊感來源相當有誘惑力，所以我們需要心理工具來把焦點轉到內在。透過懷舊，我們更能想起重要的人際關係和真實的自我，將注意力放在豐富而踏實的自信心，並放下不健康又脆弱不堪的虛榮感。從此以後，你就不會在意鄰居有多愛炫富。換句話說，懷舊讓我們擺脫不重要的人際關係。膚淺的來往在當下令人感覺良好，但最終會模糊焦點，阻礙我們建立深層、持久的關係。

懷舊能提升自尊感，敦促我們把心力放在更長遠、更值得關注的人事物。過程中，我們不會想到物質上的成就，而是專注於最珍愛的人際關係，以及共同相處的時光。

一位參與者描述道，在小時候的某年生日，來一同慶生的朋友很少，那時他感到很受傷，覺得同學們都不喜歡他。但後來他和那幾個人玩得很開心。他過了一段時間才領悟到，他們是真心想與自己共度時光的朋友。此後他常提醒自己，要多維持那些真誠的關係，更注重社交生活的品質而不是次數。

有時我們會懷舊某些物品（如衣服和汽車），因為它們有深層的含義。比方說有些人會懷念出社會後買的第一台車，那是人生的里程碑，代表了自己的努力和堅持。他們開著那台車去兜風，與家人或伴侶共度了珍貴的時光。

因此，雖然有些懷舊記憶與物品有關，但它們都是心靈與幸福的象徵。所以每個人所收藏的物品常常只對自己有意義。超過百分之六十的美國人都有收藏癖。[7] 物品會連結到珍貴的記憶，令人想到往日的時光與感受。

在另一項研究中，有位參與者談到他所收藏的漫畫。雖然他也知道自己買太多了，但他很懷念小時候躲在臥室裡看漫畫、與哥哥討論情節的歲月。

想想看：

你是否懷念某些物品？它們對你來說有哪些意義。懷舊物品不是反映出財富或社會地位，而是會讓你感覺到與家人和朋友的連結。

人際間的藩籬

經常懷舊的人在面對他人的批評與指教時，比較不會即刻築起自我防禦的高牆。

自尊感對個人的心理健康和福祉非常重要。人們覺得受到威脅時，都會積極地保護自己。大量的研究指出，為了保護自尊感，我們會用上許多自我防衛的策略，包括將成功歸於自己、將失敗歸因於外在環境。工作表現不佳時，我們常會撇清自己的責任，而將錯誤歸咎於他人或無法控制的因素，比如不講理的老闆、難相處的同事或糟糕的工作環境，即便自己的工作能力也有問題。這種防衛反應有助於保護自尊感，但也會妨礙我們從他人的意見中吸取教訓。

喜歡懷舊的人是否更願意接受他人的意見？大學生應該都覺得自己的智力不差，如果有人懷疑的話，就會傷到他們的自尊。因此，我們決定去測試懷舊在這方面對大學生是否有益。[8]

研究人員隨機分配兩份難易度不同的考卷給大學生，但他們並不知道有另外一份的存在。拿到簡單版的學生輕鬆拿到高分，研究人員也誇獎他們，其智力比一般的學生要好。拿到困難版的學生分數很低，並得到無情的低評價。

每位學生都拿到訂正後的考卷，上頭並標註了他們的智力等級（「低於平均」、「一般」

或「高於平均」）。但實際上，他們的成績與任何統計數字都沒關係。困難組的學生分數一定會低於平均，簡單組的一定會高於平均值。

接下來，研究人員請一些學生寫下懷念的往事，另一些學生寫下一般的回憶。接著所有人都要回答：「剛剛的測驗成績是否能反映出你的智力？」回答得越肯定的人，心理防禦感越低；我們假設，既然懷舊能提升自尊感，也能降低防禦心。結果顯示，在寫下一般回憶的大學生中，困難組的都不認為那份考卷能反映自己的能力。

這就是典型的歸因偏差（attribution bias）：不願將負面評價歸因於自己的缺點，也不認為它反映出自己的能力。然而，寫下懷舊回憶的困難組學生都可以接受自己的低得分。

由此可知，懷舊能降低自我防衛的程度，並坦然接受負面評價。勇於面對不喜歡的結果，才能積極地向前邁進。每個人都有不擅長的項目，客觀地接受它，才能去創造專屬於你的優勢，並探索更多機會與目標。若老是拒絕接受建議、將錯誤歸咎於外部因素，就很難有進步的空間。太固執、防禦心太強的人，就無法看出自己的潛力。以開放的態度面對批評、從中學習的人很少；大部分的人都不想接受建言，只想怨天尤人、怪東怪西。

時常懷念美好的往事、降低自我防禦感，才能往前邁進，培養穩定的自尊心。找出自己的弱點，學會善用時間和精力，定期評估自己的表現，才能找到真正能令自己滿足的領域。

試試看：

在工作上面對批評與建議時，檢視一下自己的心態與反應。若你發現那些話令你心煩意亂、築起防禦心，那不妨退一步、打開心房來自我反省一下。此外，你也可以花幾分鐘去回想某個令人懷念的往事，以增加你的自我價值感。重新肯定自己的正面特質，以適合的心態去面對他人的批評，你就能更自信地向前邁進。

重／點／回／顧

- 建立和表達自信的方式隨著地區和文化有所不同，但每個人都希望對自己有正面看法，並審視自己的表現是否符合社會和文化標準。
- 自尊感過低會導致各種身心問題，但過高的人會變得自戀而冷漠。
- 透過懷舊，就能培養適度而持久的自尊感，並提醒自己關注長遠的社交關係，以及會重視我們內在特質的人。
- 透過懷舊，就能建立厚實的自信心基礎，不會受制於他人的評價，也不會汲汲營營地去追求社會認同。我們也更能經營穩固的人際關係。
- 懷舊能降低自我防禦心，進而接受他人的批評與建議，並創造適度的自尊感。

第六章 在保護自我與挑戰自我中找到平衡

安全感在成長過程中非常重要，但它也會阻礙成長。人當然得尋求成長，雖然這也會影響到安全感。

在我攻讀博士學位時，學界正展開一場大論戰，令我深深著迷，主要題旨是，自我防禦或自我成長這兩種需求，哪個才是人類的主要行為動機？前者令人感到安全和穩定，後者是探索與成長的渴望。

學者們認為，人類的高度認知能力帶來了焦慮與自我防禦感，每天都在擔心死亡、病痛、孤獨、失敗和生活空虛。因此，我們才要試圖維持自我概念以保護自己。正如前一章所討論的，大家都習慣將失敗歸咎於外在，以免威脅到自尊感。面對外在威脅，人類的初始反應都是自我防禦，以保護自我概念，雖然從失敗中學習才能有所成長。

有些學者認為，對於動植物來說，有良好的防禦系統才能茁壯成長。人類更是如此，若欠缺心理防禦機制，就容易焦慮和沒有安全感。許多研究顯示，自尊感高的人在壓力下比較穩定，沒自信的人就容易感到焦慮。[1] 在這些研究中，自尊心被歸為基本的防禦機制，令我們免於焦慮之苦，以在多變和威脅四伏的世界中好好生活。這也就是心理學家馬斯洛的需求層次金字塔：在追求自我實現前，先滿足各項基本需求，諸如安全感、歸屬感和自尊心。

在那場論戰中，另一端的學者認為，心理成長才是人的優先渴望。小孩子總是充滿好奇心與探索欲，它們對於認知、情感和人際發展至關重要。幼兒透過實驗和冒險來學習新事物。他們是無所畏懼的探險家，出於內在的驅使，想與周圍的世界多多互動。這派的學者也做了許多研究證明，自我概念的發展以及各方面的學習過程，都是根植於對成長和拓展的天生渴望，且勝過於自我保護。

有研究發現，如果人們設定的目標是源自於內在的真實渴望，那麼在實現的過程中，動力和自尊感都會增強。[2]這派的心理學家認為，真正的自我是以成長為導向的，而最貼近真實的自我概念，也並非來自於社會認同或財富等外部因素，而是想實現完整的自我、充分發揮潛能。

當然，我們還是會努力保護自我免於恐懼和不安的心情，但成長才是最重要的行為動機。唯有感到被威脅時，我們才會觸發自我防禦的行為。

在這場論戰之中，也有學者認為自我防禦和自我成長的作用同樣重要，我就是其中之一。我把這稱為雙重動機（dual motivation）：行為動機是出於自我防禦和自我成長之間的權衡。以嬰兒為例，雖然他們對周圍的世界充滿好奇心，若身邊有照顧者，他們就會更安心地去冒險。[3]

成年人也會從雙重動機中去權衡。假設你在廣告公司上班，工作內容是發揮創意、設計有新鮮感的行銷活動。不過，你的工作環境很不理想、而且壓力很大；你的上司非常嚴苛，同事也都自私自利。你上班時總是感到焦慮，擔心自己的想法會被嘲笑，或是因表現太差被公司解雇。

不過，若你的工作環境良好，上司友善又會鼓勵下屬、同事們互相支持，你上班時就會感到很快樂，也不擔心自己的想法會被嘲笑，或者因一時的犯錯而遭到解雇。可想而知，這種環境較有可能激發出你的創新思維。

孩童在大人的呵護下擁有安全感，才更願意去探索與嘗試新事物；同樣地，成年人有家人、朋友、上司和同事的支持，才有可能發揮自己的能力。成年人就像孩子一樣，渴望探索和成長，並對自己的人生、組織和社會有所貢獻。但成年人也需要安全感，但它不一定是首要的行為動機。我們都渴望成長和創造新事物，但過程中難免感到焦慮、不安和孤單，於是轉而尋求安全感。

不過，過度的安全感會削弱自我成長的力量。當然，同事們若能相處融洽、相互支持，你便更能發揮創造力，但如果他們過度保護你的自尊心，不敢批評你、給點意見，那你的工作品質就會停滯不前。同樣地，充滿好奇心的孩童在探索外在世界時，如果父母過於呵護，對孩子就沒有助益。研究顯示，若父母控制欲太強（所謂的直升機家長），過度介入或干預孩子的生活，孩子在成年後就容易感到憂鬱，並對自己的能力沒有自信。[4]

安全感在成長過程中當然非常重要，但也可能阻礙成長。人當然得尋求成長，但這也會影響到安全感。因此，心理防禦和自我成長這兩種行為動機是相輔相成的，唯有取得平衡，人生才能過得充實。

既然這兩項行為動機都至關重要，若有心理工具能用來取得平衡就好了，懷舊就是其中一項法寶。

現在的失敗不是全部的你

挫折感會削弱成長的動機，而懷舊有助於化解自我懷疑的心情。

在成長過程中會受到各種刺激，它們有時不會令人感到煩惱，反而會令人很興奮。比如說，你在Netflix發現了一部紀錄片在介紹世界各地的食物歷史。你因此學到了一些有關印度菜和中國菜的知識，甚至親自下廚烹煮一番。這個刺激聽起來微不足道，但你因此逐漸擴展了視野，最終變得更有見識而有趣。誰也無法預測到，那部食物紀錄片是啟航的關鍵，引領你走向新的愛好或專長。

成長歷程若能都如此愉快就好了。事實上，想要改善自己和他人的生活，一定得面對困難、壓力和他人的批評，還得承受自我懷疑、不安與孤獨的折磨。久而久之，這些惱人的事情就會讓人築起防禦心。

這時懷舊就能派上用場了，它讓我們度過難受的磨練，而不會輕易地關起心門。比方說，轉換工作跑道的原因很多，有些人是因為筋疲力盡，想要讓身心好好休息。有些人則是打從心底討厭原本的工作，當初只是為了滿足經濟需求才去投入。如果人生有其他機會，大部分的人都想選自己感興趣的工作。

無論是什麼樣的原因，踏上改變的道路都不容易。有些人得放棄收入可靠的工作，重返校園跟年輕人學習新技術。有些人自願調去公司海外的新單位，從零開始拚業務。這時，懷舊便能成為重要的心理工具。

以我來說，我的學生大都是所謂的數位原生世代，出生時網路科技就已經很發達。他們都很習慣用網路來接觸訊息，對於數位媒材的作業也駕輕就熟。但是對於年長或在職班的學生來說，就會覺得壓力山大，甚至半途而廢，後悔不該重返校園。在自我防禦的心態下，他們阻斷了成長的道路。

許多研究都指出，放棄成長、轉回防禦心態的人更容易發出懷舊之情。[5]不過，懷舊能滿足自我保護的需求，進而更有餘力能成長。我們在第四章談到，自我身分中斷時，人會變得更加懷舊，以恢復自我連續感，繼續向前走。

在職班同學對於新課程感到挫折，而為了保護自我連續性才選擇退學。但如果他能發揮懷舊的正面效力，就能降低退學的動機。

更廣泛地說，懷舊是一種管控機制，可以用來應對會削弱成長動機的內在威脅。懷舊能提升幸福感、自我連續感和自尊感（特別是在面臨到巨大壓力和未知的情況時），讓我們繼續有動力學習新知識、拓展視野和實現目標。

心理防禦會削弱成長的動機，但善用懷舊之情就能打開心防。前面提到，在面對同事或主管的建議時，許多人都會為了保護自尊心，將錯誤歸咎給他人。這時，重溫往日美好的回憶，就能突顯自己的正面價值、提升自尊心，並更勇於面對建議和批評。記住，眼前的錯誤不是你的全部，你還有更多值得讚賞的表現。內心的痛苦減輕後，你才會有改進的動力。這就是懷舊在自我保護上的正面效應。

試試看：

> 列出你正面臨的挑戰，找出被觸發的防禦機制。比如工作或家庭上的問題導致你有焦慮、不安、自我懷疑的心情。仔細檢視你的問題清單，同時想想看有哪些懷舊回憶可以幫助你肯定自己。以健全的心態去應對挑戰，樂於接受有建設性的批評與指教，你才能從錯誤和失敗中吸取教訓。

喚起過往的成長經驗

回憶起與成長有關的經歷，並連結到當前所面對的問題，就有助於應對工作上的壓力。如前所述，懷舊可以減低自我防禦的強度，推動你我的成長。例如，工作成果收到負面評價時，不妨想想自己過去達成過的專業成就、肯定自己，相信自己有能力再次取得成功。

懷舊有助於保護自尊感，還可作為自我改進的指南針。即使是瑣碎的懷舊記憶，例如自助旅行，也都是一項個人成就，有助於自我繼續成長。

在某項研究中，有位參與者談到自己與朋友騎摩托車穿越美國。他們在旅途中遇到了各種挑戰：惡劣的天氣、迷路、錢不夠用、機車拋錨等。他們必須共同克服這些困難，所以得調整心態、密切合作以及用心思考。每個人都可以運用這樣的懷舊記憶來面對不安和自我懷疑。

在表面上看來，摩托車旅行的回憶與工作壓力沒有什麼關聯，但對於想要重返校園、努力跟上新科技的中年人來說，也是一種自我鼓勵的方法。我和同事發現，懷舊能增強自信心和樂觀態度。[6] 我們把參與者分成兩組，一組寫下一段懷念的回憶，另一組寫下一般經歷，然後兩組人都填寫問卷來測量自己的樂觀程度。果然，第一組的參與者比較樂觀看待自己的未來。無論懷舊的內容是什麼，都能改變心態、鼓勵自己繼續成長。

試試看：

思考一下你目前正在追求的成長目標，包括工作項目、興趣或人際關係。想想看當中的最大障礙是什麼？你是否因為恐懼或擔憂而止步不前？接著，試回想一段實現成就或克服困境的往事，並評估你當時的專長。接著想想看，如何利用這些優勢來實現當前的目標？你擁有哪些能力得以應對困難和自我成長。

激發創造力

透過懷舊，我們就更能展現創意，更勇於嘗試新穎的做法。

創造力是突破常規，以新的方式表達想法、進而拓展自我。懷舊能激發創造力，滿足自我保護的需求，並點燃熱情。

焦慮和恐懼是成長上的阻礙，因為有創造力的行動需要冒險。我做過許多研究，發現當人們感到焦慮時，將注意力放在令自己安心的人事物（例如家人和朋友），便能發揮無比的創造力。

前面提到，員工在友善的環境中工作，才更有機會發揮創意。但有時，儘管同事與上司都很支持你，你還是會擔心自己的想法不夠好。與家人或朋友有摩擦時，也會令人感到焦慮。這時，懷舊可以作為自我調節的方式。重溫美好的往事，可以讓人減輕壓力並提升正向的情緒，更能專注於創造性活動。

懷舊能激發熱情與勇氣，讓你將心力集中在自己深切關心的事情，並找到新方式來完成工作。

舉例來說，編劇和導演經常提到，自己在年輕時看過的電影，後來變成了日後的靈感來源。他們重新連上往日出現過的情感，包括對電影的熱愛，並依此創作出同樣感動人心的作品。音樂家也是如此；他們將成長過程中聽到的歌曲當成創作的泉源，並加上符合現代世界的新創意。名導演昆汀·塔倫提諾便是一例。他著迷於各種老電影和次文化，並將其應用於創作新電影；《追殺比爾》系列便是結合了日本武士、中國功夫和美國西部片等元素。

除了電影導演和音樂家，一般人也能從懷舊來激發創作熱情。比方說，我們在製作家庭或校園剪貼簿時，除了記錄回憶，也是在運用創造力來講自己的人生故事，並且與人分享。過程中，我們重新整理、編排往事，並傳承給後代。剪貼簿愛好者都認為，自己有責任保存家人的記憶和家族傳統，這就是懷舊之情所驅動的創作力。

香港城市大學的心理學教授葉盛泉也證實了懷舊的創造力。研究人員將參與研究的大學生分成兩組，一組寫下懷舊經歷，第二組描述前一天的日常活動。[7] 接下來，參與者要在三分鐘內針對三個常見的物品（磚頭、鞋子和報紙）寫下可能的用途，寫越多分數越高。果然，懷舊組的參與者發揮的創意比較多。

艾塞克斯大學的心理學教授提爾堡（Wijnand A. P. van Tilburg）也在研究中觀察了懷舊、創造力與心態的關係。[8] 參與者也一樣分成兩組，寫下懷舊的往事或一般的經歷。接著，他們得以「在寒冷的冬夜裡，有對情侶被附近傳來的聲音嚇到」為開頭來創作故事。研究人員發現，懷舊組所寫的故事比較精彩。

在另一項研究中，參與者得填寫問卷，以自評對新想法的開放程度，包括「我是否認為自己是有創意的人」、「我是否認為自己想像力很豐富」等。[9] 接下來，參與者繼續自我評估，在面對挑戰時是傾向於創新和冒險，還是依賴於安全和熟悉的解決方案。結果，懷舊組對新想法比較開放，面對挑戰時也更有冒險精神。

這些研究都顯示出，懷舊可以提升認知能力，讓我們更能展現創意，更勇於嘗試新穎的做法。

想想看：

你現在能透過哪些活動去探索新想法或創造新體驗？沒有的話，回想自己在年輕時，有哪些興趣激發了你的想像力？

在研究中，有位參與者跟我們分享了一項美好的往事。她在二十多歲時，曾在獨立搖滾樂團擔任主唱。她原本就很喜歡創作，但從未想過自己可以上台表演。後來在樂團好友的鼓勵下，她勇敢地加入他們的陣容。第一次表演的場合是在一家小酒吧，觀眾只有數十人，但她對音樂的熱情就此被點燃了。那個樂團沒多久就解散了，但回想起二十年前的登台表演經驗，她想要再次跨出舒適圈，去做一些跟創作有關的活動。

懷舊的重要性不言而喻，特別是想要了解自己、增強自尊感與自信心。當你陷入困境、人生找不到方向、需要擴展視野或尋求靈感時，可以試著回顧過往。懷舊記憶是你用一生所累積的寶庫，是邁向個人成長的養分。

重／點／回／顧

- 人類的行為動機同時涉及到對安全感和成長的渴望。在兩者間找到平衡，才能實現最好的自己。
- 懷舊有助於維持自我連續感，讓我們能面對挑戰、實現目標。
- 各種美好的回憶都能促進成長。
- 重溫珍貴的回憶有助於減輕壓力、改善心情、提高創造力。
- 懷舊有助於敞開心胸、擁抱新思維。

第3部

人際關係

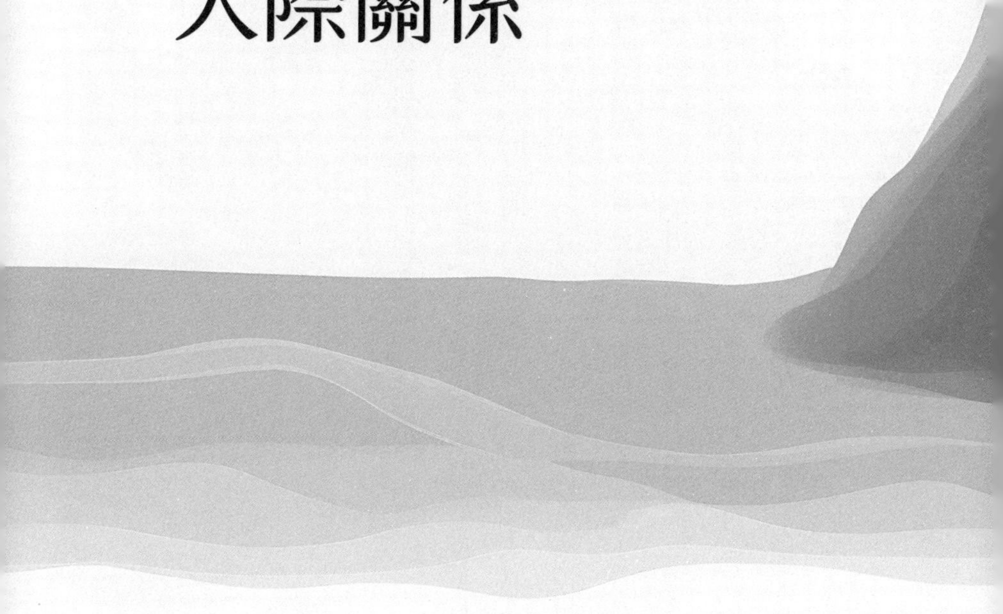

第七章 老友如老酒

拜科技進步之賜，人際間的往來更加頻繁，但疏離感卻益加嚴重。在二〇一八年，英國首相梅伊任命了「孤獨部長」（Minister of Loneliness）來專責處理人民的心理健康問題。二〇一七年的一項調查也發現，百分之十四的英國人經常感到孤獨。[1]

二〇一八年的一項調查顯示，百分之二十二的美國人也常常感到很孤獨。新冠疫情爆發後，哈佛大學在二〇二一年的調查發現，有百分之三十六的美國人（當中有六成是年輕人）在疫情期間感到很寂寞。[2] 各項調查都顯示出，社會上瀰漫著沮喪的心情。美國生活調查中心的研究數據顯示，在一九九〇年只有百分之二的美國女性和百分之三的美國男性表示自己沒有朋友。而到了二〇二一年，這些數字分別上升到了百分之十和十五。[3]

孤獨一般來說是老年人特有的問題，人在退休後，都得面臨行動力下降、親友去世等等的困境。現代人的壽命越來越長，生育的子女卻越來越少，所以會欠缺來自家庭的系統性支持。

新興研究顯示出，孤獨也成為年輕世代的難題。我們很少花時間與朋友進行面對面的社交活動，也很容易感到寂寞。[4] 二〇一九年英國民調公司YouGov的調查發現，在千禧世代中，百分之二十五的人說自己沒有「很熟的人」，百分之二十二的人說自己「沒有朋友」，百分之二十七的人表示自己沒有「密友」，百分之三十的人說他們沒有「好友」。[5]

孤獨感為什麼會日益嚴重？肇因包括個人主義、經濟富裕、信仰衰退和社群媒體。在富裕而自由的社會中，人民能獨自生活、追求自己的興趣，人際間的聯繫也會變低。

後面我會再深入討論社群媒體的問題。重點在於，與親人保持聯繫、與各地的人建立關係的新管道很多，但你我的孤獨感卻不斷升高。

孤獨是社會性的痛苦，會導致許多心理和身體健康問題，包括憂鬱症、自殺和認知能力下降。寂寞的人總感覺生活毫無意義。有些人甚至因此睡眠不良、血壓升高和免疫力下降，進而釀成癌症和心血管疾病。[6]

楊百翰大學的心理學教授霍特—倫斯塔德（Julianne Holt-Lunstad）帶領團隊統計了龐大的數據，以檢視社會疏離與死亡率的關聯性。他們發現，獨居、孤立、孤獨感的致死率在七年內增加了百分之二十六到三十二。[7]

孤獨感和社會疏離對健康有害，是因為人類為高度社會化的物種。我們天生就有強烈的歸屬感需求，大部分的心力都集中在觀察、理解和融入社交生活中，也就是所謂的社會認知（social cognition）。

想想看：

> 你一天中有多少時間與他人有所互動。你所從事的職業是否有賴於人際關係，包括客戶或消費者？在工作之外，你花多少時間與他人相處？你多久會參加一次社交活動？

生活中的所有活動都會牽涉到人際關係，即使你獨自看電視、聽播客或玩電腦遊戲，也都與他人有關。

人類天生就有社交本性。缺乏照顧者的話，嬰兒會感到無助，而兒童和青少年需要父母、長輩和老師，才能培養健全的身心。人類之所以能繁榮壯大，都來於龐大的社交網路與大型團體；在當中，我們能追求共同的目標，促進社會發展並展現個人的潛力。

正因如此，社交疏離才會損害個人福祉和健康。這時，我們就可以運用各種心理工具來恢復或建立新的人際關係。

孤獨中懷念往事

覺得自己未來會與社會脫節（social disconnection）的人，更容易懷念過去。

生活中總有些東西會喚起過往的感受，例如聽到老歌或看到老照片，都會喚起老舊的回憶。許多廣告商便會利用往日情懷來推銷產品。我們在遇到老朋友或與家人團聚時，往日的記憶也會油然而生。

除了這些明顯的觸發因子外，我和同事們想找出更間接的懷舊因子。首先，人們在經歷到負面情緒時，更容易引發懷舊感。[7] 在研究中，近百分之四十的參與者表示，他們在心情不好時最有懷舊之情；相反地，只有百分之三的人才會在心情好時懷念往事。在另一項研究中，參與者分成三組，分別閱讀令人沮喪、令人振奮以及不會引發情緒的報導。結果發現，第一組的懷舊感顯著增加。此外，參與者也提到，最容易觸發懷舊心情的正是孤獨感。

基於上述發現，我們希望更有系統地去測試「孤獨會觸發懷舊心情」這個假設。否則就理論上來說，「懷舊也會觸發孤獨感」，因為想起已消失的人際關係以及無法重現的經歷時，心情會很落寞。

不過，科學家沒辦法把受試者放在孤立的情境中去測試，畢竟這並不符合研究倫理。於是我們在英國的某所大學招集了許多學生，並隨機分成高度孤獨和低度孤獨組。接下來，我們請他們填寫問卷，第一組回答的問題比較有誘導性，例如「我有時會感到與人有隔閡」，而每個人難免都有孤獨的時候。第二組的問題比較極端，例如「我總是感到與他人有隔閡」，但這畢竟是少數人。

換句話說，雖然兩份問卷的問題雷同，但其中藏了許多引導回答的用語。接下來，我們將評分結果告知每位參與者，藉以提升（或降低）他們的孤獨感。從評量表看來，高孤獨組的參與者得分很高（在第六十二百分位）；低孤獨組則是落在第十二百分位。在我們刻意設計下，問卷的可信度看來很高。參與者拿到評分表格時，研究人員一一詢問他們當下的懷舊心情，果然高孤獨組也開始想起往事。中國學者所進行的研究也得出了類似的結果。[8]

研究人員在進行類似的實驗時，會在實驗結束的當下告知參與者整個實情，以確保他們在離開實驗室時不會把那些問卷當一回事。我們還會跟參與者仔細討論實驗的原理與目的。不論如何，參與者在離開時都會心滿意足，認為自己對於了解孤獨感等心理問題有所貢獻。

不過，我們在現實生活中感受到的大多是慢性孤獨，其強度遠大於在實驗室裡被激發的落寞感。透過實驗，我們只是為了了解因果關係；既然輕微的孤獨感都能觸發懷舊之情，那麼長期且沉重的孤獨感更會令人懷念往日。[9]

在另一項研究中，我們召集了許多美國年輕人，並告知第一組的參與者，基於其人格特質，他們在未來會遇到一些人際關係上的問題。第二組的參與者被鼓勵說，其個性很好相處，未來不會有人際往來的問題。[10] 研究結果發現，第一組的參與者更容易有懷舊心情。也就是說，覺得自己未來會與社會脫節的人，更容易懷念過去。

關心你的人其實很多

懷舊令人心情變好。

有人質疑，雖然孤獨等社會脫節狀態會引發懷舊之情，但這不一定好事，當事人的可能會沉溺在過去的人際關係中，更加離群索居。也就是說，社會脫節與懷舊交互作用，變成負面循環。

我跟同事想確認這種效應是否為真，於是召集了一些大學生並分成兩組，各自寫下一段懷舊記憶或普通的生活經歷。[11]寫完後，他們接著填寫問卷，但結果顯示，懷想過往令人感到快樂，而不是悲傷。

除了喜悅之外，其他數十項研究也指出，懷舊雖然令人感到些微的失落，但整體而言，它所帶來的甜美勝過苦澀。[12]回想起過去曾經擁有過的東西以及度過的美好時光，即使伴隨著一絲悲傷，也會被感恩等正向情緒蓋過去。換句話說。懷舊讓人心情更好。

除此之外，我們請參與者回答：「想到那件事令我感到被愛嗎？」結果顯示，寫下懷舊記憶的人不會覺得孤獨，反而感受到強烈的社會連結。

我在世界各地進行了十多項類似的研究，試著誘發參與者的懷舊之情，以確認它對社會連結的影響。[13]在某次實驗中，我們讓一組參與者聆聽懷舊老歌，而另一組參與者聆聽與往日時光無關的美妙音樂。此外，我們還在其他實驗中用懷舊影片、經典小說來測試參與者的反應。結論都大同小異：懷舊能在提升社會連結感。

回顧自己珍愛的記憶，為什麼能喚起社會連結感？首先，懷舊令我們想起遠方的親友。在我身為大學教授的二十年來，經常看到大學新鮮人適應不良，因為他們離開了家人以及友伴。有些同學個性害羞，所以難以建立新的人際關係，也會感到孤單。他們忘記了還有許多人在關心他們。但只要想起舊日的美好時光，他們就能提醒自己，眼前的困境只是暫時的，只要跨出社交的第一步，情況就會有所改善。了解到這一點，他們就能熬過短暫的孤獨生活。

有位來自蒙大拿州的大一學生談到，她童年時常和家人去滑雪。來到北達科他州念書後，她時常回想那些往事，以提醒自己，在蒙大拿還有許多愛著她的家人。

其他研究也證實了我的觀察。浙江大學企管系教授周欣悅的研究指出，懷舊有助於化解孤獨感。[14] 孤獨、缺乏社會支持時，我們會揚起懷舊的心情，進而恢復人際關係感。我們藉此提醒自己，這世界某些角落還有許多人正關心自己。

周欣悅也觀察到，中國、美國和英國人民在新冠疫情期間，都透過懷舊來化解孤單等負面情緒。[15] 墨西哥經濟學教授普恩塔－迪雅茲（Rogelio Puente-Diaz）也發現，懷舊能提高歸屬感。[16]

查爾斯頓學院的心理學教授瑞德（Chelsea A. Reid）還發現，人們聞到會引起懷舊之情的氣味時，會感到被愛以及與他人有所連結，哪怕有些氣味對他人來說並不好聞。[17]

小時候，我常常和爸爸在庭院裡用除草機割草，到現在汽油的味道仍會觸發我對那段時光的回憶，並想起已經不在人世的爸爸。其實我並不喜歡那味道，但它讓我想起那段父子相處的時光。當然，有許多能觸發懷舊之情的氣味都很好聞，例如美食會令人想起跟家人聚餐或節慶聚會的時光。

懷舊能提升社會連結感、使人更加樂觀，當你感到社交脫節時，就不會受限於眼前的困境。多項研究指出，回想懷舊記憶後，對未來會更加樂觀，以更為正向的心態去面對未來的人際關係。[18]

我和心理學教授阿貝塔（Andrew Abeyta）一起研究了懷舊的樂觀效應。我們請第一組參與者寫下一段懷念往事，第二組參與者寫下一般的生活經歷。[19] 接著他們再填寫問卷，以反映自己對未來的人際關係有多樂觀。結果顯示，第一組的參與者比較樂觀。

這些研究證明了，懷舊是一種以未來為導向的感受。回顧與親人共度的時光時，不但能喚起強烈的社會連結感，也能想像情感更豐富的未來。

有位實驗的參與者談到，她很懷念去以前去參加孫子十歲時的慶生會。因為她的女兒結婚後住得很遠，所以那次聚會很難得。值得注意的是，她平常很容易感到孤單，但只要想到那次慶生會，都會感到很開心，也更樂觀地期待未來的相聚時光。

試試看：

回想一段懷舊的經歷，比如與家人的相聚時光。你也可以寫下來，或是翻看舊照片，以喚醒這段回憶的細節。重複練習，並仔細懷想一些與社交有關的回憶，就能提醒自己社會連結與人際互動的重要性。當你感到壓力大、情緒低落或遇到社交問題時，這套方法特別有用。

找回老友與結交新朋友

懷舊能提升樂觀精神和自信心，有助於建立密切的人際關係，即使相處上發生衝突，也能找到解決辦法。

大家都以為，懷舊對於維持健康的社交生活無益。畢竟，若把注意力都集中在過往的人際關係，那難免會降低結交新朋友的動力。因此，我們不該沉湎於往日的美好回憶。

舉例來說，遠離家鄉的大學新鮮人更應該結交新朋友。但懷舊作為一項心理工具，其實有助於拓展社交關係。前文提到，懷舊讓人對未來的社交生活更樂觀。我和阿貝塔研究發現，對社交生活悲觀時，人難免會懷念往事，但也會因此對未來更加樂觀。[20]

我們的研究還發現，懷舊能提升社交效能（social efficacy），讓人有信心去建立新的人際關係。這不難理解，因為懷舊記憶大多都涉及到過往順暢的人際關係，所以有助於解決眼前社交困境，並激發出樂觀與自信的態度。

研究顯示，在懷舊的過程中，我們會提醒自己與社交有關的生活目標。[21] 現代人的生活很忙碌，就算是重要的人際關係也會疏於經營。但只要懷想往日的美好時光，你就能聚焦於真正的自我，並設法維持健康的社交關係。

我和阿貝塔繼續測試，懷舊是否會讓人積極地面對人際關係上的問題。因為有時我們不是孤單，而是與家人或朋友吵架，因而產生疏離感。

首先，我們請第一組參與者聆聽懷舊音樂，第二組參與者聆聽一般的音樂。[22] 接下來，參與者要想出自己最好的朋友：

假設你和他發生言語上的衝突，而且再怎麼溝通都沒有改善問題。此後你們很少見面，就算碰到也會表現出冷淡和疏遠的樣子。你們還是朋友，但你們的感情已出現了裂痕。

想像完上述情境後，參與者要回答，為了兩人和好，自己願意付出多少的努力、對結果是否樂觀。我們發現，懷舊音樂組更有決心解決衝突，也對結果更樂觀。由此可知，懷舊能催生樂觀和自信，並有助於建立密切的人際關係，即使相處上出了問題，也能順利解決。

要建立社會連結，除了有正確的心態，還需要付諸行動，比方踏出家門找朋友。阿貝塔和我也想知道，懷舊是否會使人較為願意參與社交活動。我們的研究特別針對與陌生人的互動，因為這會帶有一些社交風險。大多數人都同意，懷念舊時光後，我們會更想與老友和家人互動。然而，要與陌生人建立關係就沒那麼容易了。

如前所述，懷舊能提升社交效能，所以我跟阿貝塔猜想，人們也因此更有信心去承擔社交風險、對他人敞開心胸。同樣的道理，只要想起過去成功的社交經歷，人們參與社交活動、認識新朋友的意願就會提高。

為了測試這一點，我們先進行問卷調查，參與者要填寫對二十個生活面向的懷舊程度，當中有些包含高度的社交行為（與家人和朋友出遊），而另一些活動的社交性較低（如看書、聽音樂），也有一些活動是兩者兼具。我與研究人員假設，懷舊能激勵我們去參與更多社交活動，尤其是想到以前的社交生活時。

參與者完成問卷後，研究人員將正在籌備中的研究計畫告知參與者，當中有四種不同的研究主題。前兩項為「個性和社交互動」、「與他人共同解決問題」，參與者必須他人互動。另外兩項為「智力測驗」、「個性和音樂」，其中的參與者獨自作業就好。

結果顯示，對各種生活面向的懷舊之情越深，就越有興趣去參與社會性的研究，而對於個人測驗的興趣較低。換句話說，懷舊並不會讓人提高參與研究的興趣，大家只是想與他人有所互動。我們還觀察到，懷念往日美好的人際關係後，當事人更想要與老友、家人有所聯繫，並加強現有的人際關係，認識新朋友。

我們的團隊也在中國進行研究。大學生分成兩組，分別寫下懷舊或普通的經歷。[23]寫完後，他們得到指令，接下來要與另一位參與者簡短對話，所以先幫忙擺好兩把椅子。這段時間，研究人員會暫時離開，回到房間後，就會測量了兩把椅子之間的距離。事實證明，懷舊組的人會希望自己與他人更加靠近。

由此可知，懷舊能強化人的社交本性，包括提升連結感、自信心，並建立人際關係和化解衝突，甚至會讓我們更願意靠近陌生人。

如果你在社交上遇到困難，不妨花時間想一些與人相處的美好回憶，包括聽聽老歌、看到老照片，就能擺脫低迷的心情，重新參與社交活動。

克服孤獨感的良藥

雖然大家都以為，懷舊會令人沉溺於過往、不再創造新的社交生活。接下來我將說明，事實正好相反，我們能從過去的社交經驗中獲得支持和啟發，保持樂觀和自信，並找出新方法拓展社交圈。

因此，我認為懷舊是一種有益的心理工具，尤其是能化解孤獨感的惡性循環。感到孤單時，都會覺得自己社交能力很差，就更想遠離他人，人際關係就更差。孤獨感令人痛苦，也是許多心理和身體問題的風險因素，所以找出應對的方法非常重要。

前面提到，研究人員已證實，懷舊能提升支持感，但它是否能加強社交上的自信和動力呢？

我們前面提到，實驗的參與者被激發懷舊之情後，會更想加入有互動機會的研究計畫。不過，對於孤獨感很重的人來說，就連這樣的機會也沒興趣，他們只想遠離他人。

重要的是，懷舊能中止這樣的負面循環。孤獨的人會因此更有自信，更有動力去建立友誼，並致力於解決人際關係的問題。當然，懷舊不能治癒孤獨，但至少是一項緩解的方法。

試試看：

如果你感到孤獨，懷疑自己能否修復或建立人際關係，不妨試著懷念美好的往事。寫下令你難忘的社交經驗，提醒自己有積極的一面，也能發揮正向的影響力。那怕是讓某人露出微笑，都是很值得回憶的。接下來，寫下這段往事帶給你的感受，思考它如何幫你改善當下的社交生活，並喚起你正向而開放的心。透過這些回憶，你也許能看到更多人際關係的可能發展，並提醒自己，目前的孤單只是暫時的。透過這個方法，你就能重新恢復人際連結，並對社交生活感到樂觀，進而改善你當前的人際關係。

重／點／回／顧

■ 長期的孤獨會導致憂鬱、認知功能衰退、免疫力下滑或睡眠不佳，甚至釀成癌症和心血管疾病。

- 深陷孤獨感等負面情緒時，更容易懷念往事，過程中也會重新感受到他人的支持。
- 懷舊會讓人對未來更加樂觀，包括社交生活。回憶過往的人際關係上的成功之處，就能恢復一些自信心。
- 親密的人際關係需要樂觀和信心才能維持，並度過相處上的磨合。
- 在懷舊的過程中，我們會渴望與朋友和家人恢復連結。我們會變得更主動，更願意與陌生人建立起新的聯繫。

第八章 獨樂樂不如眾樂樂

與人合作、追求共同目標時，我們往往能拿出最好的表現。無論是在公司、社區或自己的國家，即使與其他成員不相識，也會被激發出服務的動力與情感，正如有些國民會因此而自願從軍。

與全國各地的陌生人共享群體的認同感，會令人產生社會連結感，進而更願意結交新朋友。例如，對國家有強烈的認同感而從軍的人，會與戰友培養出同袍之情。

群體認同感有時是從個人的經歷發展出來的，例如念過某一所大學或支持某一支球隊。我們其他的校友或球迷並無私交，卻因為有同樣的經歷而產生了群體認同感。這種連結感的範圍比親情或友情還廣，也更不受時空所限制。

許多狂熱的球迷都很願意花費金錢與時間，隨著自己支持的球隊到外地觀看球賽，尤其在總冠軍賽的關鍵時刻，而他們也都願意與陌生人交流、甚至結為好友。

你甚至不需要去觀看比賽也能交到新朋友，只要穿上印有隊徽的衣服，就可能在等車時或買咖啡時遇到同隊的球迷，並找到話題攀談起來。這種群體象徵和標誌的功用超乎想像！

由此可知，群體的認同感往往能超越個人的影響力。球員會輪替、球迷會變老，但球隊所象徵的團結精神，並不會受到空間或時間的侷限。它能將跨世代的人們連結在一起，朝著共同的目標而努力。

簡而言之，群體能擴展社交生活，讓我們與平日社交圈外的陌生人一起行動，並產生緊密的人際關係。事實上，懷舊正是群體認同感的重要元素。

懷舊聚會的魅力

前面所探討的內容主要集中於個人的懷舊之情，特點是自傳式的，以過往生活經歷為基礎，如與親友相處的回憶。相對於此，集體懷舊（Collective nostalgia）則是基於社會身分或群體的歸屬感，以及相關事件或物品。正如球迷都會懷念在冠軍賽中與陌生人共同慶祝的時光。也許你是跟朋友或家人一起去看球，但身為球迷的群體認同才是關鍵。

歷史情懷（Historical nostalgia）包含個人與集體的元素。許多中年人都懷念八〇年代的流行文化，因為他們在那個年代成長，所以聽到那個年代的音樂時，就會勾起美好的回憶。

隨著網路資訊的發達，時下也有不少年輕人熱愛八〇年代，包括那個時代的服裝、音樂以及電影。也有人在經營復古酒吧，店內擺放了一堆八〇年代的遊戲機台。年輕人去那裡體驗不曾經歷的舊時代風情，而我則是去懷念自己的青春歲月。

想想看：

你是否對未曾生活過的時代感到好奇？你是否參加過復古的變裝派對？你是否會收藏舊時代的物品，欣賞那個時代的電影、音樂或書籍？

歷史情懷也會與集體懷舊有所連結。不管是哪種團體，總會有新成員加入和舊成員離開，而歷史故事能加強新舊成員之間的連結。比方說，校史室裡面的獎盃、獎牌和照片，可以讓新進的師生同仁看到學校的榮光。歷史情懷的呈現方式很多，也許我們沒機會參與過去，但還是能產生群體的認同感。

懷舊可以是個人活動，也可以是社交活動。對於一名古董收藏家來說，他可以獨自把玩寶物，但也可以與其他收藏家交流。不少軍事迷也熱衷於穿上以前的軍裝，跟同好聚在一起討論戰史。由此可知，我們能透過懷舊建立新群體，並為自己與他人創造共同的回憶。

舉例來說，我很喜歡《星艦迷航記》影集，還參加過影友見面會。劇中有幾位演員出席了，粉絲則是從世界各地而來；雖然彼此的身分背景和年齡都不同，但都因為對《星艦迷航記》的熱愛而形成了群體。有些老粉絲是隨著劇集一開播就收看，他們很高興能與年輕影迷一起交流；後者則是被新的篇章所吸引，進而翻看舊作。這齣存在超過五十年的科幻劇作，已經有它的歷史意義，並代代相傳下去。許多流行文化的粉絲群都交織了個人、集體和歷史的懷舊之情；大家分享自己的回憶，也為彼此創造新的經歷。

以母校為榮

集體懷舊能提升群體認同感，還能激發行為動機，讓群體繁榮發展。

回憶美好的往事，我們便能與更廣大的社群產生連結感，並提升自信心去追求社會目標（social goal）。集體懷舊也有一樣的效用。南安普頓大學的維爾德舒特也在實驗中證實，回想集體記憶，就能提升對該群體的正向態度與參與度。[1] 為了辨識出集體懷舊的效用，研究人員找來大學生，並分成四組：集體懷舊、個人懷舊、集體的正面事件以及不進行任何回想。

集體懷舊組要回想一件令人懷念的校園事件；個人懷舊組回憶自己的過往（實際上，這兩種回憶會有所重疊，但研究人員會設法區分開來）；集體正面事件組回想好玩但不令人懷念的校園事件；不進行回想組則沒有收到指示。

四組完成任務後，一一填寫問卷來評估對大學同學的正向情感，選項有「幽默」、「溫暖」、「靈活」、「有趣」、「可靠」和「值得信賴」。研究人員想要了解，集體懷舊是否會提升當事人對其他成員的正面評價？

該研究團隊還想了解，集體懷舊是否會讓人變得更加積極或投入群體。若是如此，那集體懷舊不僅是短暫即逝的感覺，還會帶有驅動力。參與者的自評項目還包括與其他同學互動的意願，例如「想與他們交談」和「想與他們共度時光」。

集體懷舊對群體心理有獨特的影響。集體懷舊組對該群體的評價比其他三組高，參與群體活動的意願也升高了。

在另一項研究中，維爾德舒特進一步探討了集體懷舊的激勵性。[2] 回想自己與群體所共同經歷的美好往事，就會更想要主動參與該群體的活動。但個人是否會進一步做出相關的承諾或犧牲？為了測試這一點，前面提到的四組參與者在完成任務後，研究人員告知，校方正在進行宣傳活動，希望同學們自願撥出時間來幫忙。參與者一一回報願意參加的時數（從零到十小時）。

調查結果顯示，集體懷舊組的統計時數最高。也就是說，集體懷舊會提升群體認同感，還能激發主動性，以幫助群體繁榮發展。

就算我們有很長一段時間不再積極參與群體的活動，但參與的動機仍然存在。許多人在畢業後都會懷念大學時光，所以願意捐錢給學校。研究人員發現，校友的懷舊程度越高，就越想與其他校友相互交流、幫忙宣傳以及捐款。美國教育發展和支持委員會（Council for Advancement and Support of Education）的數據顯示，二〇二二年美國各大學的校友捐款金額總計高達一百四十億美元。[3]

許多捐款的校友都表示自己非常懷念大學時光，希望把往日的榮耀傳承給未來的學生。他們相信，自己的人生會成功，除了學校的教育，還有當時所建立的人際關係以及群體認同感。

奉獻社會的情操

每個人都有多個身分認同，它們在自我概念中的重要性不同。有些大學生非常認同自己所就讀的學校，有些學生則不然。前文提到，集體懷舊能加強群體認同感，但後者是否能加強前者的影響力？

你隸屬的群體有時並非經由自己的選擇，正如你無法選擇自己的國家認同，除非移民。但有趣的是，許多海外移民都比土生土長的當地人更愛國。調查發現，移民美國的公民都以身為美國人為榮。[4] 他們的人生故事通常非常勵志，都是為了給自己和家人們更好的生活機會。

當然，不少土生土長的人國家認同感也很強。我研究發現，大多數的在地人都以身為美國人為榮，不論政治傾向、宗教信仰、種族、性別、教育水平以及收入。不過有百分之十三的人並不這樣認為。[5] 我認為，集體懷舊也許會喚起他們對國家的情感，但應該不會觸發相關的行為動機。

一般來說，認同自己的群體身分，就願意為眾人效力；集體懷舊能觸發他們的動機和行為。

維爾德舒特以愛爾蘭人為研究對象。[6] 他先請參與者自述對愛爾蘭的認同感，然後分為兩組：第一組回想令人懷念的愛爾人歷史（集體懷舊），第二組回想愛爾蘭發生過的一般事件。

接著，研究人員請參與者去玩線上策略遊戲（但其實是單機遊戲）。參與者在不知情的情況下，都選到了「管理員」的角色；若發現其他玩家分配資源不合理，就得加以懲罰，但管理者會因此損失自己的血條。在研究人員的設計下，參與者可從代號看出其他「玩家」是否為愛爾蘭人，而且「外國人」都會對愛爾蘭人很差。

結果顯示，對愛爾蘭身分認同高的集體懷舊組比較願意犧牲自己的血條。在回想光榮的歷史後，他們無法看到同胞遭受不公平的對待。只要你對於群體的身分認同感高，集體懷舊就能激起你的服務精神。

想想看：

回想一個對於你的身分認同感相當重要的群體記憶。接著，看看你對於自己所屬的群體有什麼感覺？它是否會激勵你的參與感以及服務的情懷。你是否會努力確保它在未來能壯大？

集體懷舊是群體能生生不息的強大動力。某個群體能否壯大，都取決於其成員的往日情懷。由此可知，懷舊不是停滯不前，而是能帶著我們思考未來。

群體要能長久延續，就必須出現令眾人懷念的共同經歷。群體在面臨挑戰與不確定的未來時，必須以集體懷舊為動力，團結一致，把個人利益擱在一旁，共同為更大的目標而努力。

民族榮光的假象

政治家會利用集體懷舊和歷史情懷來強化自己的政見與宣傳，以爭取人民的支持。

群體的認同感很重要，它有助於釐清自我，也有助於個人拓展社交網絡。群體能為我們帶來生活的喜悅與意義。人類有高等智力，有能力建立和維續群體，讓整個社會更加繁榮。但群體認同也有黑暗的一面。

二戰時期的納粹狂熱便是一例。在一九三〇到四〇年代間，歐洲有六百萬猶太人被大規模地屠殺。盲目的群眾狂熱造成許多歷史悲劇，時至今日仍不斷在發生。二〇二一年，美國國務院指出，緬甸、中國、衣索匹亞、伊拉克、敘利亞和南蘇丹等六個國家境內尚有種族滅絕的情事。[7]

對於二戰時的悲慘歷史，無數的社會心理學家投入研究，當中最傑出的學者是泰菲爾（Henri Tajfel）。[8] 他身為猶太人，在二戰期間自願加入法國軍隊，但後來遭到敵軍俘虜，並在數個戰俘營中度過了好幾年。泰菲爾奇蹟般地活了下來，但到戰爭結束後，他才知道親近的家人和朋友都死了。於是他開始研究偏見的本質以及群體間的衝突，最終推出了劃時代的社會認同理論（Social identity theory）。

泰菲爾指出，每個人在定義自我時，除了個人的特徵，還包括其所隸屬的群體和社會認同感。分類是人類的認知本能，透過它才能有效率地理解世界。人們會支持自己群體的成員，並認為「非我族類，其心必異」。

即使沒有特別的好處，人們也都渴望加入群體。泰菲爾設計了最小群體研究典範（minimal group paradigm）[9]，以顯示出人們為了支持自己的群體，反而會去傷害另一個群體，並找出這樣的偏見有哪些基本條件。有些群體的對立是有長期的歷史背景，所以其中的成員難免會想傷害對方。但泰菲爾在研究中發現，就算沒有長期的衝突，只要你隸屬於某個群體，就會產生偏見。

泰菲爾找來許多英國學童，請他們估計螢幕上有多少個閃爍的光點。然後他跟其中一些孩子說，他們算太少了，接著再告訴剩下的孩子，他們算太多了。泰菲爾以此隨機他們分為兩組。這樣的分類沒有特定意義，完全不涉及共享的經歷或信念。不過，孩子被分成兩組後，就開始出現群體意識。接下來，他們要把手上的錢分給其他參與者。結果，孩子們大多將錢分給自己人。請記住，這兩個群體沒有過節，未來也不會再有交流，但其成員都不願平均分錢，只想嘉惠自己的同伴。

社會心理學家因此理解社會認知的本質。只要有群體，就能產生偏見、歧視甚至引發社會衝突。只要你認為自己屬於某個群體，那怕是出於膚淺的理由，都會偏愛自己的成員。

這樣的偏袒也有好處，由此而生的忠誠感是一種美德，前提是你的群體有特定的信念與抱負，而且絕不會傷害他人。但毫無疑問的，以內外群體的角度去看世界，難免就會引發衝突。偏愛自己的同胞，就難免會歧視外國人。況且，若是為了爭奪有限的資源，或是彼此的意識形態互相矛盾，不同群體更是會大打出手。歷史上，許多群體不斷傷害彼此，恐懼和憤怒一直延續下去，甚至引發嚴重的社會衝突或戰爭。

集體懷舊能激發人們對群體的忠誠與服務心，但它是否會導致社會問題？在一項研究中，研究人員訪問了許多荷蘭的民眾，藉以評估國家認同感與集體懷舊的關係。這些問題包括「回想起昔日的荷蘭時，是否經常出現懷舊心情」以及「是否期盼這個國家重返昔日的美好時光」。[10] 回答完問題後，受訪者們要回報，自己對於荷蘭境內的非西方世界移民是否有好感。結果發現，懷念舊荷蘭的受訪者對外來移民比較沒有好感。

不過，這並不代表懷念國家舊時的榮光就會產生偏見。但我們確實應該注意到某些集體懷舊的內容會導致有害的後果。集體懷舊有時是基於美化後的歷史，而政治家會利用這些情懷來強化競選活動主軸以爭取民眾的支持。

因此，若有人利用歷史情懷來主張今不如昔，最好對此抱持懷疑。我們應該客觀思考，往日時光在哪方面比較好？對哪些人比較有吸引力？往日時光不可能十全十美，那只是過度簡化的想法。簡單舉個例，你是否願意醫學發展退回一百年前？就算你認為自己活在五十年前的世界會更快樂，但這也只是你一廂情願的看法。

有歷史情懷不是壞事，人們會因此團結在一起、展開行動。政治家為了團結民眾，也可提起國家往日的榮光。當你我認可彼此為同胞，就會為了共同的目標而犧牲自己。在下一章，我將討論懷舊之情如何使人更有同情心以及更加願意提供幫助。

重/點/回/顧

- 個人懷舊是你自己的人生經歷，包括跟朋友、家人相處的回憶。集體懷舊是跟群體有關的事件、想法或物品。
- 歷史情懷有時會包含個人經歷與集體經驗。
- 加入一個長期存在的群體，你就可以連結到其他時空底下的人們，並為了共同的理念和目標奮鬥。
- 集體懷舊能產生歸屬感，我們會因此想幫助自己所認同的群體永續和壯大。
- 群體對身分認同感很重要，你會因此為了眾人而犧牲自己。
- 我們會偏愛自己的群體，並產生相關的偏見。
- 歷史情懷可用來操縱人心，但也可以讓人們團結起來，為了彼此的福祉而盡心盡力。

第九章　助人的動力

自我中心（self- centeredness）是必要的，否則還有誰能為你設身處地著想，為你發聲、表達需求、偏好、爭取關注以及追求目標？想要過自主性高的生活，就必須站出來為自己爭取權利。總是把別人放在第一位，就會忽視自己的健康和幸福。

但如果過度專注於自我，那麼你的健康和幸福也會受到影響。只顧自己的人，即使取得了某些成就，人際關係也會一敗塗地，過著孤獨的生活。唯有學會付出和接納他人，生活健全發展，才會有健康的人際關係，生活才會健全發展。

關心他人是人類的天性。演化心理學家指出，人類特別傾向於幫助與自己有血緣關係的人，甚至願意犧牲自己。因此，我們助人的次序會從直系血親、遠房親戚才到毫無血緣關係的人。然而，透過人類特有的想像力，就能把沒血緣關係的人變成家人，比起跟自己信念不同的家人，我們更喜歡有相同理念和興趣的朋友。如前一章所述，我們也能建立群體認同感，與原本社交圈以外的人們產生連結。

懷舊之情會被有心人士用來製造社會分裂，但當然也能用來改變世界，讓他人和社會受益，也就是所謂的親社會行為（prosocial behavior）。念舊的人會關心自己的家人和朋友，也會為自己的群體效力，甚至於對陌生人伸出援手，並同情那些生活困頓、脆弱的人們。

想念老友時，就打通電話給他

在第七章我詳細介紹了懷舊的社交影響力，它能化解孤獨感、產生連結感，進而主動去聯繫他人。換句話說，懷舊有助於滿足社交需求，並將注意力轉向外在世界。

懷舊也有助於自我探索與發展，並引導我們放下自私自利的心態。探索真我與自我中心是兩件事。前者是專注於找出自己的人生要務，並意識到人際關係的重要性；自我發展和社交動機是相輔相成的。

在絕大多數的懷舊記憶裡，都有我們所愛之人。我們會想念以前的音樂、電影、衣著、汽車和時代氛圍，但更想念以前的親友，並連帶產生親社會的想法、目標和行為。注意力集中在他人身上時，就會關心對方的生活狀況。

在我過去的一項研究中，有位參與者提供了一個絕佳的例子。她回憶起自己十三歲時一樁意義重大的往事。她一直很崇拜姊姊，但對方大她八歲，所以兩人很少一起出去玩。但有次週末，姊姊問她是否想來一趟公路旅行，於是兩人就開車上路了。每次重溫這段記憶，她就會提醒自己要多多與姊姊聯繫，尤其是因為兩人如今住得很遠。

試試看：

若想多關心他人，不妨定期撰寫懷舊日記。每天或每週花五到十分鐘寫下一段關於他人的懷舊記憶。就能激發出親社會的心態，讓你花更多時間去關心自己很在意、卻沒有經常互動的人。

如何消除厭世的想法

讓我們再次探討孤獨感和社交排除（social exclusion）等問題。這些問題會不斷惡化，感到與他人失去連結時，人會變得更有防禦心，以避免內心受傷。被拒絕或排擠時，我們都不想參加社交活動，以免被他人欺負。防禦性反應和社交脫節會交互作用，使人更不想做出親社會的行為。

有許多研究都顯示出，當人們以悲觀的態度去看待自己未來的社交生活時，就比較不會同情身心受苦的人。[1] 其他研究也發現，社交排斥感會降低助人以及捐款給慈善機構的意願。[2] 社交排斥感還會強化敵意和攻擊性。[3] 研究人員長期追蹤同一組參與者後發現，懷有社交排斥感的人攻擊性會慢慢增加、與他人合作的意願會降低。[4] 社交需求無法滿足時，人會逐漸封閉自己，以降低社交上的痛苦，最終養成反社會的傾向。

懷舊能讓我們與社會重新連結，也有助於降低反社會的想法、情緒以及行為。許多研究發現，在經歷到某種社交排斥後，花幾分鐘寫下自己的社交資源（如家人或朋友），便能降低其負面影響。[5] 懷念跟家人和好友相處的日子，就能喚起被支持的感覺，進而降低反社會傾向並激發出親社會反應，終而恢復健康的社交關係。

想想看：

若你正深陷於孤獨等社交困境中，仔細觀察自己是否會以負面眼光去看待他人。你是否因此變得更虛無、更無法容忍他人？你是否難以信任他人，而且很容易被激怒？你是否一直在避開他人並對他人表現出敵意？試著每天挪出時間回想一段難忘的往事，最好是有意義的社交活動。接著寫下懷舊日記或製作剪貼簿等，重溫那些美好社交的互動。仔細感受一下，它們是否改變了你的態度和行動？

水幫魚、魚幫水

互惠是普世公認的行為準則，對人類社會的繁榮非常重要。依據正向的行為準則，人際間才能產生信任、合作與互助。許多研究顯示，我們都會回報幫助過自己的人。即使只是微小的付出也會換來回報。[6] 研究發現，服務生以燦爛笑容迎接顧客，就能獲得回應的笑容以及小費。[7]

經常互動的家人或朋友就無須談好互惠的條件，因為我們相信對方在自己需要時一定會伸出援手。家人與好友會自然產生互惠的價值觀，不會斤斤計較付出與收穫是否對等，也不會期望得到立即的回報。

我們接受陌生人幫助後，未來便更可能去幫助他人。大家常說「讓愛傳出去」，比如在餐廳購買待用券，有需要的人將來在生活穩定後，就會再幫助他人。懷舊能激勵這種互惠行為，當事人會因此感到與社會有連結，所以更願意去關心他人。我們因此深深了解，互助關係對自己有益；想到他人的付出，我們就更有動力為社會貢獻一己之力。

許多人在童年時過得溫馨而幸福，他們在長大後也會把這份愛傳遞下去。有位研究的參與者寫道，她童年時家人常常一起去野餐，所以她結婚後也繼續和丈夫及孩子延續這項傳統。在她小時候，只要一到週末，父母便會帶著孩子們去公園度過愉快的午後時光。當年她父親忙著做生意，只有在野餐時光裡才會放下工作。雖然她現在身為忙碌的職業婦女，但只要重溫這些記憶，就會提醒自己，應該給予孩子同樣的快樂童年。

因此，在寫懷舊日記時，多想想自己接受過的善意與幫助，以及該如何幫助他人。

感恩日記的妙用

感恩之心在互惠和互助的過程中相當重要，也是所有懷舊故事的普遍特徵。在一項研究中，有位參與者寫下了已故丈夫的往事。她一直都想去義大利旅行，但夫妻倆都不是很有錢，尤其先生的個性又比較節儉。等到孩子大了以後，他們才終於存夠旅費去實現夢想。她很喜歡義大利的風景，但更令人難忘的是，她感受到丈夫的愛與奉獻，也對她充滿感激之情。自從他去世以來，她一直在壓抑悲傷，而這段往事令她想起了自己的生活曾是多麼的幸福，她也因此更加堅強。

許多研究發現，感恩之情有助於心理與身體健康。參與者每天或每週撰寫感恩日記，各種正向的心理狀態也隨之增長，包括樂觀、幸福感和歸屬感，還能促進人們去做有益健康的行為。[8] 感恩使人感覺良好，還能激發行動。在其他研究中，一些焦慮症或憂鬱症的患者表示，在寫了三週的感恩日記後，他們的憂鬱心情和壓力感降低了，幸福感則顯著提升。[9]

研究表明，時時懷著感恩的心，就會發現伴侶在背後支持，而自己也會更有同情心，並降低侵略性。許多學者還發現，時時感恩的人更願意捐錢給慈善機構。[10]

助人為樂

人類最大、最值得驕傲的優點，就是願意去幫助陌生人。歷史上，許許多多的人都願意為不相干的人犧牲奉獻。每天新聞都有壞消息，但也有感動人心的故事；不分階級，世界各地都有人願意奉獻自己、幫助他人。

懷舊能提升助人的動力，範圍從家人、朋友、夥伴再延伸到鄰居，但為何我們會想幫助陌生人呢？

浙江大學周欣悅教授將前來做實驗的大學生分成兩組，分別回想懷舊或一般的經歷，然後寫下與它有關的四個關鍵詞。[11] 接下來，研究人員請參與者閱讀一份非營利機構的簡介，看他們是否願意幫助大地震後的青少年災民。接下來，參與者要寫下願意捐助的金額以及擔任志工的時間——沒有錯，懷舊組意願較高。在另一項研究中，研究人員改變了慈善機構的服務對象，並拓展參與者的年齡層，從十六歲到六十二歲都有，甚至還有其他國籍的人；結果還是懷舊組的人比較有助人的意願。[12]

懷舊能夠提升助人的意願，但是否真的讓人會付諸行動？周欣悅教授在另一項研究中設計了兩種版本的慈善訴求，並分別分發給參與者。[13] 這兩個版本都包含許多文字訊息與圖片，請大家幫助青少年災民。第一個版本的行文用語充滿懷舊之情，例如「重建過往時光：幫助汶川大地震的孩子們找回童年生活」）。第二個版本不提及過往，例如「時候到了：為汶川大地震的孩子們建設未來」。

該實驗分為兩個階段，研究人員先請前來參與的大學生做一項無關緊要的實驗，完成後即可獲得報酬。但其實在他們領到報酬後，真正的實驗才將開始。參與者準備離開實驗室時，會遇到了一名路人（研究助理假扮的），他會發給那些參與者某慈善單位的宣傳單；有些人拿到懷舊版的，其他人拿到一般版的。實驗室的出口處有一個捐款箱，參與者可自行捐款。果然拿到懷舊版的參與者捐了比較多的錢。

試試看：

如果你是慈善組織的成員，或正計畫要募集善款，便可利用懷舊和感恩為主題來設計文宣。你可以放入老照片，或是請受過幫助的人分享小故事。

懷舊確實可以提升助人的意願。在某項實驗中，我給參與者一個幫助他人的機會。[14] 首先，研究人員請兩組參與者分別寫下一段懷舊以及普通的往事。另一位研究人員進入實驗室，他手上拿著一盒鉛筆和一大堆文件，並假裝不小心撒落在地板上。結果，懷舊組的比較會主動提供幫助。

請求協助

我的同事朱爾（Jacob Juhl）在南安普敦大學的研究團隊發現，懷舊會提高向他人求助的意願。[15]

在一項研究中，兩組參與者分別寫下懷舊和一般的回憶，完成後，研究人員請他們解決一道謎題。事實上，這道謎題是無解的。研究人員想知道參與者何時會向外尋求幫助。他們告訴參與者，如果想要尋求幫助，只按一下房間內對講機的按鈕，就會有人來幫忙。研究人員記錄下參與者在嘗試解題多久後才會請求幫助。結果顯示，懷舊組的參與者更快按下按鈕。該團隊後續又做了其他相關研究，都證明懷舊在這方面的效用。[16]

請求協助才能突破困境，無論你的獨立性有多高，都需要他人才能茁壯成長。它能提升社會交流與人際互惠，實現感恩和慷慨的精神。

這些感受非常重要：覺得自己被需要、能幫助他人並知道他人會因此而受惠。你我願意幫助他人、願意尋求協助，才能共同建立合作的人際關係與社群文化，並實現個人與社會的繁榮。懷舊在這方面的功效很大，我們會因此做出更多親社會的行為。

懷舊能催促我們投入社交關係，使我們更加有人情味，並感到與家人、朋友和群體有所連結。我們會更加關注、加強這些連結，並懷著同理心去幫助他人（哪怕是素昧平生的陌生人），也更願意向人尋求協助。

重／點／回／顧

- 懷念往事後，我們會更加關心自己所愛的人，為群體效力，並對受困的陌生人伸出援手。
- 因社交脫節所產生的負面想法、感受以及行為，都能透過懷舊來化解。
- 我們在懷舊中會反思人際關係，培養互助的精神並做出互惠的行為。
- 懷念往事後，我們會變得更慷慨且願意提供幫助，並在陷入困境時向外尋求協助。

第4部

生命的意義

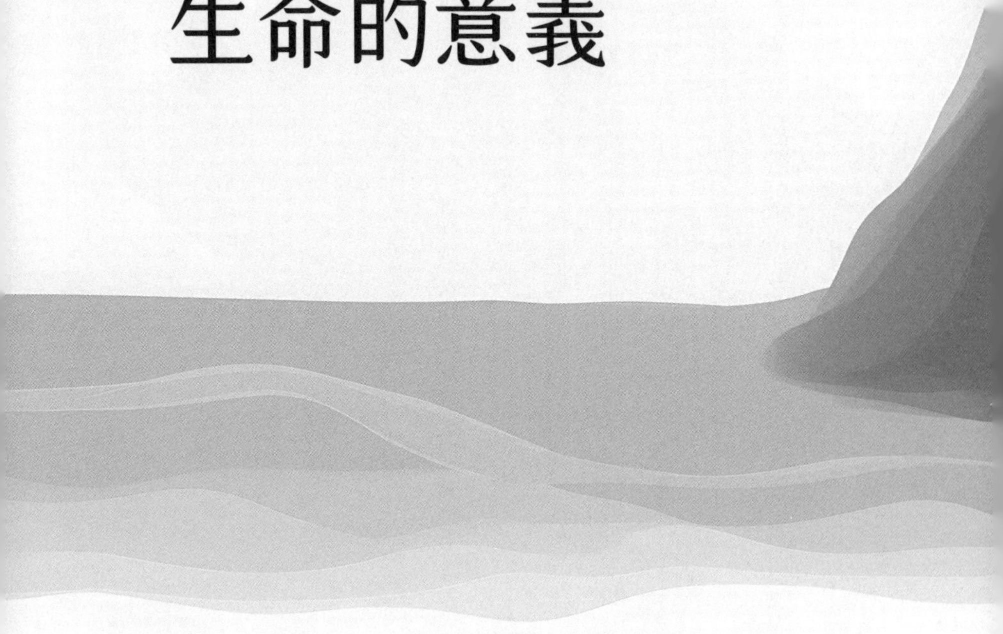

第十章 面對死亡的焦慮

你我總有一天都會死去。用這句話來當作本章節的開頭，一點也不振奮人心，但這是無庸置疑的事實。而且在所有的生物中，只有身為人類才會意識到這個事實。

文化人類學家歐內斯特．貝克爾（Ernest Becker）在一九七三年出版了《死亡否認》（*The Denial of Death*）一書，並於隔年榮獲普立茲獎。作者在書中明確描述了人類的存在困境。一方面，我們跟其他生物一樣都在生存遊戲中掙扎，設法努力活下來。另一方面，人類知道自己必然會死去，並帶著這份認知在過日子。無論你多麼努力鍛鍊身體、保持健康飲食、避免危險活動、甚至定期做健康檢查，但最終肉體仍然無法免於衰敗。

貝克和其他存在主義學者認為，人類既有求生的本能，又知道死亡不可避免，這兩者的矛盾會引起嚴重的焦慮感。[1] 然而除了少數嚴重的精神疾病患者外，地球上每個人每天都照常起床，並設法過上健康的生活。雖然外面世界很危險，但我們不會整日躲在家裡；雖然每次過生日都向生命終點邁進了一年，但我們還是會慶祝。我們每天履行職責、追求目標和興趣，有時還會無所畏懼地去做會縮短壽命的事情。生活中有各種起伏——快樂與痛苦、成功與失敗、凱旋與苦難——但令人驚訝的是，哪怕人生終須一死，也沒有人終日活在死亡的恐懼陰影底下。

貝克認為，人類不會被這份恐懼感壓倒，是因為我們透過各種文化體系和世界觀，去維持生命意義，並設法超越自我。二元論是宗教界最常見的說法：身體會死亡，但靈魂會繼續活在死後的世界裡，或是藉由輪迴降生到來世。

貝克認為，哪怕你不相信永生，也能化解對死亡的恐懼感。只要找到你的社會認同感或文化認同感，就能超越肉體的有限性，減輕人生終將一死的威脅感。這些認同感有高度的象徵意義。每個人都有家庭，所以知道家族基因會代代延續；這就是一種存在的安慰感。此外，你可以對社會有所貢獻，嘉惠後人。這就是遺贈的力量。此外，許多群體在你出生前就已存在，在你死後也會繼續發展，而透過群體認同感，你的生命就能超越個體的有限性，並長久延續下去。

因此，當自身所珍視的文化符號遭到褻瀆時，人們會感到自己也受到冒犯。對於有高度國家認同的人來說，焚燒國旗不光是破壞物品，也是侵犯到他們的身分認同感。

文化是生命安慰感的來源，在它的整體架構下，我們得以描述各種死亡的概念，並面對它所帶來的威脅和恐懼感。我們塑造出堅強、長久而有意義的自我概念，以抵禦存在的恐懼感。

懷舊則是對抗存在焦慮的重要工具。想想那些你最珍惜的記憶，其中有許多傳統元素和通過儀禮（rite of passage，生命階段的轉換）；無論是婚禮、畢業典禮、節日慶典、宗教儀式、運動賽事、音樂會或休年假，都有其特殊的文化背景。即使是個人最私密的懷舊記憶，也都會連結到文化架構，讓我們得以面對無法避免的死亡並超越自我的侷限。

雖然人生終將一死，但理解懷舊和文化的交織作用，就能降低存在的焦慮感。

傳統習俗的影響力

在成長過程中，我們會逐漸了解何謂死亡。年幼的孩子當然不懂，有時還以為死亡是可以逆轉的，又或是覺得那跟自己無關。到了學齡期（四到七歲），他們開始知道死亡是肉體的終點站，並且逐漸意識到自己也會死亡。當他們的寵物或祖父母去世時，長輩們就會設法解釋。隨著成長的腳步，青少年會發現到父母一步步變得衰老，而長輩終將會過世，他們意識到自己也在走向死亡之路，並對死亡感到好奇和擔憂：

人一定得死去嗎？人能活多久？死亡是什麼狀態？會痛嗎？我會害怕嗎？為什麼有些人英年早逝？死後會發生什麼事？

有些孩子對於死亡的問題特別困擾。人類的行為是以生存為導向，若能在童年時期感受到些微的死亡恐懼，其實對心理健康有益。有些小孩沒有成年人的陪伴，必須獨當一面去探索世界。對死亡完全沒有擔憂之心的孩童或成年人，就容易被突如其來的悲劇打擊。然而，對死亡過度恐懼的話，就很難獲得幸福，生產力也會下降。因此，不受到這樣的恐懼所困擾，才能融入社會生活。

孩童開始對死亡感到焦慮時，會向父母或照顧者尋求答案。大人能給予孩子健全的家庭支持，教導他們各式各樣的世界觀和宗教觀，讓他們對於自己的人生感到安心。

長大之後，我們對外在世界與神祕的事物會有一套自己的看法，當中許多內容都是受到原生家庭和社會環境所影響。當然，我們的自主判斷和學習也很重要。邁入成年期後，我們會割捨掉一些小時候吸收的信念與傳統，並探索其他的新觀念。在面對生命有限的存在問題時，成年人得用自己的世界觀來維續心理健康。當我們願意冒險行動，個人及整個社會才有機會發展、茁壯。

這時懷舊就很重要了。在父母或照顧者的影響下，我們會吸收某些文化與世界觀，在懷舊的過程中，我們會想延續這些信念和傳統。校友若非常懷念大學時光，就會捐款給母校；若你對傳統文化與習俗念念不忘，就會想繼續傳承下去。

勇敢面對未來

經常懷舊的人對死亡的焦慮感較低，也更能找到存在的意義。

人有能力思考未來，一面可激勵自己、但又會感到恐懼。我花了十幾年的時間將貝克爾的死亡觀點轉化為實驗前提，以驗證他的主張是否正確：人們是否會運用世界觀和群體認同感來化解對死亡的焦慮？

我們在研究中發現，請參與者花幾分鐘思考死亡，生育孩子的渴望、對伴侶的忠誠、愛國情操以及對信仰的虔誠度都會提高，也就是對個人而言重要的信念與身分。[2] 有宗教信仰的人思考死亡後會更加虔誠。這方面的思維有助於我們超越死亡威脅，而且我們會更依賴一些深信不已的觀念。

換句話說，一想到不可避免的死亡現實，我們便會將注意力轉向某些社會與文化架構，這樣就能獲得慰藉，相信自己並非只是終將灰飛煙滅的肉體。為了尋求超越死亡的存在意義，我們需要比個人更大更長遠的身分認同。

在研究相關問題時，我特別著重於心理學意義上的時間旅行。人類之所以能認知到死亡的事實，是因為能想像未來的境況。而這項能力是否能用來對抗存在的焦慮？轉向往日時光是否能尋求到安慰？

我認為這個假設相當合理，因為每個人過往的經歷都會夾帶文化元素，可以令人感到放心。雖然生命短暫，但世上還有更廣大且更長久的存在體。若想建立超越自我的存在認同感，懷舊就可以派上用場。

為了測試上述觀點，我和同事們進行了相關研究。[3] 我們假設：懷舊能化解存在焦慮，所以在思考死亡時，比較不會出現負面心情。在某項研究中，我們先請參與者填寫問卷，以調查他們懷念往事的頻率。然後我們請其中一半的參與者思考自己的人生結局，並寫下感想；另一半的參與者則寫下與死亡無關的內容。最後我們進行了焦慮感問卷調查。結果顯示，寫下死亡議題的參與者變焦慮了；一想到自己會死，難免會心情不好。重點是，這些人也比較少懷念往事。經常懷舊的參與者在想到死亡議題時，比較不會煩擾不安。

其他的幸福感指標也有類似的狀況。不常懷舊的人若想到死亡，就會更加覺得人生沒意義。那麼，懷舊真的能用來緩解對死亡的擔憂？

在另一項研究中，我們將參與者隨機分組，要求其中一些人思考死亡，剩下的人思考其他議題。[4] 隨後參與者再填寫問卷，以測量當下的懷舊心情。結果顯示，死亡組比較會懷念往事。喜歡懷念往事的人，在花幾分鐘思考死亡後，懷舊之情會增強；他們在面對死亡的事實時比較不焦慮，也更能找到生活的意義。

生命無常且有限，回憶往日時光、重溫美好回憶，就能提醒自己對家人和群體的歸屬感，進而獲得安慰。這些群體在我們出生前已經存在，在我們離世後也依然會存在。透過懷舊，就能將自己定位在長遠的文化洪流中。

如前所述，大多數人不會一天到晚都在害怕死亡。生活有各種需求和目標，有太多的事情要做，而我們背負的文化信念與身分認同，讓我們超越短暫的生命，放下存在的焦慮感，並融入廣大而長遠存在的事物中。儘管如此，每當有壞事發生時，我們又會體會到生命的渺小和脆弱，這時便需要心理與精神上的慰藉。

試試看：

在面對到生命議題（如終將一死）而感到焦慮或沮喪時，多多回想會令人超越生死的往事。這樣你就能喚醒面對未來的勇氣，並以感激和希望之情克服恐懼。

超越生死的連結感

一想到我們所愛的人都會死去，便會令人對生命感到焦慮和悲傷。除了短暫的生命，我們還希望有些事物長遠存在，包括我們所愛的人。在所愛之人離世後，我們自然想以某種方式繼續維持他們的存在感，比如保留他們遺留下來的事物，以此保持連結感。

許多人都會與已故的家人對話，甚至出現幻覺。有項研究發現，大約有一半的喪偶者都曾經看到或聽到已故的配偶說話，特別是在對方過世的前十年。[5] 婚姻維持得越久，出現這類幻覺的可能性就越大。其他研究發現，喪偶者覺得這些幻覺令人愉悅且有益。[6] 大腦需要人際連結感，即使摯愛已經去世，我們依然需要與他們有交流。

我們會用回憶來與已故者維持連結感，並確保他們不會被遺忘。在葬禮上，家人和朋友透過影片、照片與文字來調適失落感，並緬懷逝者的生命歷程，讓自己與逝者的回憶永誌不忘。過程中，大家一同歡笑、哭泣，想要永遠記住逝者。

多年來，我不斷收集各種懷舊故事，許多都包含對已故摯愛的回憶，雖然內容是苦樂參半，但都有助於調適家屬的心情。

有位女士寫到，她在幼年時期，母親每晚都會唸書給她聽，等她識字後，還是要維持這個習慣，因為她喜歡母親的聲音，也很享受母女倆獨處的美好時光。這位女士很珍惜這些記憶，因為她母親在中年時就因癌症去世。這樣的回憶無疑會令人感到悲傷。她非常想念母親，但唯有經常回憶，才能繼續維持母親的存在感。她以此維繫了與母親的連結，而不會被肉體的消亡給割斷。

有趣的是，最近有研究發現，靈性與懷舊有高度的相關性。[7] 注重靈性生活的人也常常回憶往事。值得注意的是，靈性具有高度的社會性。人們描述靈性經驗時，都會提到與他人的連結感。回憶往事時，我們的注意力會轉向社交生活，也會連帶產生靈性的體驗，後者會帶來超越生死的人際連結感。

懷念已故的摯愛後，我們也會採取實際行動延續他們的影響力。有些人會創建慈善機構以紀念摯愛之人，或接手未完的事業或計畫。

想想看：

失去摯愛之人時，我們都會想記住與他們有關的回憶，並維持超越生死的連結感。懷舊是很好的工具；深入回想與逝者有關的往事，包括他本人以及你們相處的細節。若你們有共同關心的人生目標或興趣，你可以繼續完成它們，這樣就能維持與他的連結，為你自己帶來快樂並且幫助他人。

不再對人生懊悔

每個人在一生中都會經歷到許多超越生死的感受，長年累積下，就會變成令人懷念的時刻。對抗存在危機與死亡威脅時，懷舊能帶來慰藉，讓我們想起那些更高遠的目標與活動，以免浪費時間在無關緊要的事物上。

研究顯示，遺憾之情大多與愛情、家庭有關。[8] 某些遺憾還能彌補，若你感嘆與家人和朋友相處的時間太少，馬上就可以改變作息跟工作習慣。隨著年齡的增長，我們會將生活重心從實現抱負轉向與摯愛之人維持感情。

但人生有許多遺憾卻是為時已晚，令人感到生命無常。正如有時等到家人過世後，我們才後悔沒有共度更多時光。常常懷念舊時光，我們才會專注於跟自我概念有關的生活面向，包括重視人際關係，減少往後可能會出現的遺憾。頻繁回憶往事，就能喚醒自己應該追求的事物，不再過著滿是遺憾的人生。

試試看：

列出三項珍貴的往事，並寫下它們的特別之處。接著用它們來制定計畫，以活出更有意義的生活。你現在就可以確立具體的目標並採取行動。未來充滿不確定性，遺憾也總是無法避免的，但你可以運用珍貴的回憶，使未來的生活更加充實。

青春之泉

懷舊並不能讓人返老還童，但確實有助於保持年輕的心。

許多成年人都很懷念小時候參加夏令營的日子，因為可以結交新朋友並與老友再次聚首，而且還有許多好玩的活動，例如划獨木舟、騎馬、射箭以及圍著營火唱歌等。二〇二一年《芝加哥論壇報》刊登了一篇文章，名為「美國六個最令人驚嘆的成人夏令營」。《歐普拉日報》也登出了一篇類似的文章：「最佳成人夏令營，讓你重溫童年時光」。雖然我個人對於再次參加夏令營並不感興趣，但我確實很懷念騎馬、在湖中晨泳這些自然活動。我們都渴望重溫在童年和青年時期的歡樂時光。

長久以來，人們都在探索重拾青春的方法。十六世紀的西班牙探險家德．雷昂（Juan Ponce de Leon）就曾試圖尋找能治癒疾病和恢復活力的「青春之泉」。這樣的渴望從沒消失，所以時下的暢銷書和雜誌裡才各有各種五花八門的「回春法」。有些人認為，追求青春是虛榮心使然，但其實這背後也有正面意義。若你覺得自己比實際年齡年輕，心態會更健康，不會太擔心老化的問題。[9] 年輕的心能夠激發出樂觀精神。

年輕感對健康有益。研究發現，癌症患者若感覺自己比實際年齡年輕，復原的情況會比較好。[10] 哪怕是有抽菸或是體重失調，保持年輕感的人C反應蛋白指數較低；這是一種系統性炎症的標記。[11] 年輕感還能降低因健康惡化所導致的死亡風險。[12]

研究人員發現，老年人在接受前幾項體能測試後，若得到工作人員的鼓勵與讚許，接下來的測驗成績就會更好。[13]

我和同事們想知道，懷舊能讓自己感覺年輕嗎？我們找來了年齡從十八歲到七十二歲不等的參與者，並隨機分配成懷舊組和一般組。我們先用音樂來誘發參與者的懷舊之情，讓他們想起自己的青春歲月。[14] 我們請懷舊組的參與者在YouTube上搜索自己喜歡的老歌，然後專心聆聽。對照組的參與者則是找一首自己喜歡的新歌。雖然都是令人愉悅的音樂，但只有老歌會令人回想起往日的美好時光。

聽完歌曲後，研究人員詢問參與者，他們是否覺得自己比現實中年輕、相符或年長。正如我們所預測的那樣，懷舊組的參與者（尤其是四十二歲以上的人）感覺自己比實際上年輕。

在第二項研究中，我們請其中一組參與者寫下懷舊記憶，另一組則寫下無關的事情。同樣地，懷舊組的參與者（尤其是三十八歲以上的人）都感覺自己比實際上年輕。[15]

在另一項研究中，懷舊組和對照組都要寫下高中時期的往事；但前者令人懷念，後者只是單純的回憶。[16]

寫完後，我們詢問參與者，他們對自己的體能有多大的信心，標準如下：

- 二十歲年輕人能做到的各種活動。
- 二十歲年輕人能舉起的啞鈴重量。
- 二十歲年輕人的走路速度。
- 二十歲年輕人的跑步持久度。
- 二十歲年輕人的跑步距離。
- 二十歲年輕人的跳躍高度。

- 做完二十歲年輕人的體能活動後，不會感到疲勞或酸痛。

接下來，我們詢問參與者對自己的體能以及未來的健康狀況是否樂觀。與之前的研究發現一致，懷念高中美好往事的中年人和老年人，會感覺自己比實際年紀輕、對自己的體能更有信心、對未來的健康也更樂觀。雖然一般組也想起了高中的回憶，但不會產生「回春」的效果。

這些研究顯示出，懷舊對中年人特別有正面功效。雖然我們不會因此返老還童，但至少還能保持年輕的心。

隨著年齡增長，我們很容易失去信心，並感覺自己太老了，沒辦法進行某些活動了。確實，老化是必然的。我非常喜歡肌力訓練，也體會到老化的負面影響。有時我並未聽從身體發出的警告所以受傷了，而且復原的速度越來越慢。所以我們應該調整原有的活動項目，轉而參與其他適合的運動項目、社交活動或知性活動來保持年輕的心態。

若你頻繁地出現「我年紀太大了」這種念頭，就試著做些懷舊活動：聽聽老歌、看看老電影、寫下往事或翻出那些老相冊。重新連上年輕時的自己。雖然我們無法回到過去再活一次（大多數人也不希望如此），但可以用懷舊來找回一些許年輕的能量。

感受到年輕時的活力，就更願意跳出舒適圈、嘗試新事物。隨著年齡增長，我們很容易變得固守成規。人們都習慣固定的生活架構和模式，並弄清楚對生活的期望、優先事項以及各項目標，以避免掉壓力和焦慮。但偶爾打破常規、嘗試不同的方法也有好處。刻意在日常生活中加入一些隨機的元素，就會感到耳目一新，還能激發新的目標，帶來別具創意的解決方案。

換句話說，懷念年輕時的往事並不會排斥新思維。重新回憶起那些無所顧忌、大膽且開放的想法，心智才不會隨著年齡的增長而僵化。

重／點／回／顧

- 雖然我們終將踏上死亡，但這份恐懼感並非無法克服，因為我們能從各種文化信念與世界觀中找到生命的意義，並超越死亡。
- 定期進行懷舊活動，就能減低對存在於世的焦慮。
- 懷舊讓人變得親社會，也更想參加靈性活動、結交友伴來超越生命的有限性。
- 透過懷舊，我們會把焦點轉向特定的生活經驗，不讓人生留下遺憾。
- 中老年人多多回憶美好的往事，內心就會更年輕，對體能活動更有信心，對健康狀況也更為樂觀。

第十一章　你的人生充滿意義

本書中所探討的主題都在強調，我們天生就渴望人生有意義。有他人的協助，我們才能穩定生存與發展，因此維持社會連結是每日的主要工作。膚淺的人際關係當然不夠，我們需要有意義的人際交流，才能感到生命是有意義的、是被需要的。為了理解這一點，請進行以下的思想實驗：

假設你非常富有，為了滿足生存需求，任何商品或服務你都買得起。你永遠不需要請求別人的幫助，也不需要關心他人、互相幫助。你還能僱用專業人士來提供建議、處理家務、學習新事物。你甚至可以舉辦奢華的派對，或是花錢請人陪你出去玩樂。你永遠不會陷入社交孤立的困境。你可以找各式各樣的人來豐富生活：吉他老師、健身教練、財務顧問、私人廚師。只要你願意負責開銷，一定會有許多人和你外出享受夜生活。想想看，這些人是你真正的朋友嗎？在你失去財富仍然願意和你在一起嗎？這樣的人際關係有意義嗎？

答案顯而易見。再強調一次，想要建立健康的社交關係，就不能只依賴於財富、美貌或名望。生活不僅是交易關係，我們都想要感覺到自己的人生有社會和文化方面的意義，也渴望有重大的貢獻，所以我們的行為動機會包含改善自己以及他人的生命。人類是社會性生物，也需要存在的意義，所以社交生活非常重要。

懷舊有助於我們去面對存在的不安；我們所愛的人終有一天會死去，而且人生無常，有時悲劇會突然發生。因此，我們得透過懷舊來提醒並創造生活的意義，並專注於重要的人事物。不懷念往事的人，就很難找出生命的意義。在前途茫茫之際，不妨從美好的過去來指引自己向前邁進。

生命意義的療效與能量

找到生活的意義，你會感到更加快樂，因為它能激起希望和積極的態度。

尋找生命意義不僅是神學家、哲學家等學者的專利，也是人類最基本的存在特徵。簡單說，每個人都是生命意義的創造者。

從最基本的層面上來說，創造意義就是理解世界。即便是我家的小狗也會這樣做。為了達成目標，牠會適應某些模式和規則，所以牠知道要乖乖坐在小碗旁，我才會倒飼料給牠。人類有高度的認知能力和覺察力，所以能理解周遭的世界以尋求行為指引，還能轉向內心以釐清自己的想法。我們都想知道自己生而為人的意義，並使自己生命的價值超越身體存活的短暫時光。

從最高的層面上來說，生命意義是超越自我、為廣大的社會做出貢獻並影響世人。這樣的付出對你我的心理和身體健康非常有益。找到生活意義，你會感到更加快樂，因為它能激起希望和積極的態度。

缺乏生命意義，心理健康就很容易出問題，不僅會罹患憂鬱症或焦慮症，還會染上藥癮或酒癮，更嚴重的話，人會走上自我毀滅一途。

相反地，若你覺得生活充滿意義，罹患心理疾病的機率就比較低，也更不會做出自我毀滅的舉動；就算遇到困難，也會願意接受心理治療。但不論治療師再怎麼厲害，患者也得找出自己的生命意義，否則治癒的機率就很低。此外，不管你心理素質有多強，只要內心受創或碰上不幸的意外，也會罹患心理疾病。而要重新找回正向的心態，就得靠生命的意義。

在心理治療的過程中，生命意義具有關鍵的效用及驅動力；為了重回人生的旅程，患者會盡力遵循治療師的指示，並保持樂觀，希望自己能漸漸好轉。

除了心理健康，當你覺得生活充滿意義時，也會設法維持身體健康，包括多運動或進行體能訓練。生命意義讓人走出心理疾病、克服生理疾病，壽命自然也變長。[1]

除此之外，生命意義還有助於增進人際關係；我們會因此對他人更慷慨、更有同情心，也更願意主動進行互動、交流和分享，並設法改善自己和他人的生活。相反地，缺乏生命意義的人被動又沒活力。由此可知，意義就是生命的能量。

人際關係是意義的根源

對社會的連結感越深，就越會覺得生命有意義。

通往生命意義的道路有很多條。每個人都有不同的個性、觀點、興趣以及目標。有些工作令人痛苦、有些能帶來成就感。舉例來說，我很怕看到人的體液和身體組織，所以很不適合去當護理師，但世上數百萬人對照顧病人有使命感。

工作當然並不是生命意義的唯一途徑，我們也渴望獲得他人的重視，為家庭、社區和社會做出重要的貢獻。因此，有些人在退休後會感到很難受，因為他們從未在工作之外培養出其他的興趣與志業。為了感受到生存的價值感，許多人在退休後去當志工、服務他人，而且這項任務不會有工作上的約束和要求。

無論從事什麼樣的工作，你都能為社會提供重要的服務，並感受到努力工作的意義。

不論你是護理師、會計師、工程師、廚師、音樂家、水電工、農民、企業家、巴士司機、作家、警察、瑜伽教練還是清潔工，只要能改善他人的生活，就能從工作中獲得生命意義。

在新冠疫情初期，我在晚間新聞上看到一段訪談：記者訪問一位公車司機，內容談到疫情對他工作造成的影響、是否會擔心感染新冠病毒等。這位司機表示，雖然他有點害怕，但也體會到前所未有的充實感以及生命意義。他意識到自己的工作很重要，因為社會上最弱勢的族群（例如老年人）都得靠他才能去就醫和做篩檢。許多人盡量待在家裡、避免與他人有所接觸，而這名公車司機卻堅守崗位，持續服務這座城市的居民。

當然，社會上不乏過度追求物質享受又極為自私的人，他們工作僅是為了滿足自己的欲望。但大多數人並非如此。除了滿足需求和追求目標，許多人也希望在工作上對他人產生重要且正向的影響。有些人不覺得自己的工作內容有多少意義，但至少能用來養家糊口。

在自由、繁榮的國家裡，人們都想找到與自己的才能相符、能燃起熱情、有使命感的工作。但對於其他落後國家的數千萬人民來說，工作的意義僅在於養活孩子、讓全家人衣食溫飽。

由此可知，無論是在富裕或貧窮的國家，只要是生活在社會中，人們都會有自己的生命意義。在訪談了各行各業的民眾後，我的研究團隊發現，生命意義大多是來自於家庭和緊密的人際關係。[2]

舉例來說，宗教能成為生命意義的來源，跟人際關係脫離不了關係；信仰讓人與神靈產生連結，並與其他信徒成為夥伴。即使你獨自祈禱，也是在與外界保持連結（包括超自然的存在）。有信仰的人們還常為他人祈禱或祝願，有社交問題時，也會向神明尋求指引。

二〇二一年皮尤研究中心進行了一項跨國調查，研究世界各地的人們如何尋找生活的意義。[3] 大多數的人都提到家庭和朋友，其重要性高於物質和財富。即使在美國這樣崇尚物質主義和個人主義的國家，大多數人關心的也是充實的社交生活，而不是財務上的富有。

其他研究也發現，社會連結越緊密，生命意義就越強烈。[4] 孤獨和社交孤立會令人感到生命毫無意義，所以被排擠、斷交的人就是所謂的「社會性死亡」。

研究發現，為人父母後，在努力照顧孩子之際，更能體會到生命的意義。[5] 育兒的壓力很大，但父母更能感受到自己在社會中的價值，也就是讓孩子成長茁壯。對於沒有生養後代的人來說，也可以用心去幫助他人健全發展。

空虛無聊時就想想往事

既然每個人都會懷念往日美好的人際關係，我和同事便推測，懷舊有助於尋找生命的意義。感到空虛時，我們能透過懷舊來創造生命意義；人生遇到瓶頸時，我們也會更想念美好的過去。

生活中有許多遭遇會讓人感到人生毫無意義：丟掉工作、與伴侶分手、信念動搖、世界令人失望或各項表現未達對自己的期望等。

如前一章所討論的，我們都知道生命有限，所以對於自己存在的意義和價值會感到焦慮，懷舊有助於化解這樣的心情。反過來說，人生意義感降低時，內心也會激發出懷舊之情。

因此，我和同事進行了一項研究，看看空虛感是否會讓人變得更加懷舊。[6] 參與者隨機分為兩組；第一組閱讀一篇有深度的哲學文章，內容談到人類的生命極為短暫，在地球歷史以及宇宙中微不足道。第二組閱讀一篇趨勢報導，內容談到科技發展的侷限性。這兩篇文章的長度差不多，內容也都很精彩、有啟發性，但前者會激發讀者去質疑人類存在的意義。

兩組參與者讀完文章後便填寫問卷，以評估他們內心所揚起的懷舊之情。結果顯示，閱讀哲學文章、感到自己渺小的參與者更加懷念往事。

我們平常很少花時間去思考自己的生命在廣大宇宙中有多麼微不足道。每天有那麼多事情要做：工作、照顧孩子、維持人際關係並在空閒之餘滿足自己的興趣。我們沒什麼心力以宏觀的角度去思考自己的生命有多微小和短暫。雖然如此，我們對世上某些人事物有堅定的信念，雖然偶爾也會受到挑戰、因而質疑自己的生命意義。

某些重大的信念被推翻時，我們會感到不愉快並產生幻滅的感覺（disillusionment），而生命的意義也會少了一些。某些重大的事物不再有意義時，人就會失去希望。既然幻滅感會削弱生命意義，在內心空虛之際，我們也會開始懷舊。

愛爾蘭心理學教授保羅·馬赫（Paul Maher）的團隊便為此進行實驗。[7] 研究人員將參與者分為兩組，第一組寫下會令自己感到幻滅的世界大事，第二組則寫下普通的生活經歷。寫完後，兩組參與者接著寫下一項令自己懷念的往事。結果顯示，第一組的參與者特別懷念以前的美好時光。

思考一下，自己的生命在宇宙間根本微不足道，而世界上有許多大事會令人感到幻滅；這些深奧的議題會令人質疑自己存在的意義。不過，當你感到無聊或被瑣碎的想法困擾時，也會覺得生活沒意義。

當你發現當下所參與的活動沒意義時。就會覺得很無聊，並設法找點樂子。研究人員發現，無聊會使人想要尋找意義，並投入負面或正面的活動。[8] 有些人會投入極端的政治運動，有些人則會去做慈善工作來改變世界。簡而言之，無聊令人感到不愉快又沒意義，為了擺脫這種狀態，我們便會有所行動。

艾塞克斯大學的心理學教授提爾堡在實驗中發現，既然無聊時我們會去尋找意義，那也會開始懷念美好的往事。[9]

實驗的參與者一樣隨機分成兩組，都會拿到一份與混凝土研究相關的參考文獻。對大多數人來說，關於混凝土的科學研究都很無聊，更不要說論文的參考文獻。第一組得從文獻中抄下十項資料出處，第二組抄兩項就好。

抄完後，參與者寫下一段自己的過往記憶，緊接填寫心情問卷。正如研究人員所預測的那樣，第一組在寫完後更加懷念往事。由此可知，無聊的事情會激發懷舊心情。

在新冠疫情期間，許多人長期坐困家中，無法工作與外出，狀態等同於社交孤立。在孤獨中，大家難免會感到焦慮、不安和無聊，所以會發起懷舊之情、細數往事。

從上述幾項研究可得知，生命意義有所減損時，懷舊的心情會更強烈。許多負面的感受都會破壞生命意義，包括渺小感、幻滅感、無聊感、孤獨感以及被人群排擠等。因此，想要尋求生命意義，一定要妥善維護人際關係。

你已達成許多重要的成就

那麼，懷舊是否能加強生命的意義？我和同事們進行了數十項實驗，結果顯示，參與者被誘發懷舊心情後，都表示自己的生命更有意義了。[10] 其他專家的研究也得出類似的結論。[11] 寫下懷念的往事、聆聽老歌以及重遊舊地，都能啟發強烈的生命意義感。

懷舊不僅能提升未來的人生意義，還能恢復過往的生命意義。前面提到，做無聊的事情（抄寫論文的文獻）會激發懷舊之情。研究人員進一步發現，由無聊感所引發的懷舊之情能喚起舊日的生命意義。[12]

其他研究也顯示出，回想起過往有意義的人生經歷，就能對抗令人沮喪的負面感受；當下的生活有時確實很空虛，但過往還是做了許多有價值的事情。

在我的研究中，有位年長的男性參與者談到，孩子還小的時候，他常帶他們去看棒球比賽。他有時會懷疑自己的人生有什麼成就，但只要想起親子一起看棒球的日子，他就能提醒自己，他是多麼努力在經營這個家庭。他與他父親的關係很疏離，所以他更想給孩子幸福的童年。他感覺自己完成了一件非常重要的事情。

專注於有意義的社交關係

懷舊在本質上有高度的社會性，能幫助我們將注意力集中在有深度的人際關係，進而拓展自己的人生意義。

我和同事在探究懷舊對人生意義的啟發時，還測量了參與者的社會連結感。結果顯示，懷舊之所以能啟發人生意義，是因為它給人帶來了強烈的社會連結感。

在懷念往日的過程中，我們的注意力會回到過去有意義、有價值的生活經歷，並思考各種人際關係的重要性。值得注意的是，我們的人生也會因此更有意義。雖然懷舊的內容是生活記憶，但當中包含了我們的社會與社交地位。有些經歷不好也不壞，談不上值得懷念（比如說去看牙醫），因為這件事跟你跟你的社交地位無關。

許多日常的社交互動都是消極而被動的，它不會讓你感覺自己有多重要。但懷舊的記憶則大為不同：聖誕節、光明節、齋戒月、獨立紀念日、感恩節、婚禮、畢業典禮、家族旅行等時刻，都會讓我們回想起深厚的人際關係，並覺得自己很重要。

回憶中的人有些不在世上了，又或許沒聯絡了，但都有助於你去思考自己的人生意義。你得提醒自己，人際關係帶來很多意義，應該要好好維護。

比方說，你很懷念和祖母一起烤餅乾，雖然她已離開人世，你現在對烤餅乾也沒興趣，但如果你深入挖掘這些回憶，就會發現真正重要的並不是烤餅乾，而是和至親共度美好的時光。在懷舊過程中，你會開始思考接下來該如何與親朋好友繼續創造這種時光。

寫寫懷舊日記、製作剪貼簿或是聽聽懷念的老歌，就能找出讓生活變得有意義的事情，以及你在人際關係中的定義。

試試看：

花幾分鐘去回想一段難忘的往事，仔細檢視它帶給你的人生意義，以及當中反映出的人際關係以及自我定位。如果你覺得自己的人生毫無意義，不妨多多懷念往事。

重／點／回／顧

- 基於天性和社會性需求，人類會在社會及人際關係中尋找自己的生命意義，甚至用盡一生去追求。
- 人類有高度的自我覺察力，想要理解外在世界，也渴望認識自己的存在意義。
- 感覺自己在做對社會有貢獻的事情，就會覺得人生非常有意義。
- 覺得人生有意義時，就比較不會罹患心理疾病以及做出破壞性的行為，而且較願意去實踐健康的生活方式，包括積極地投入社交生活。
- 即使是看似微不足道的感受，例如無聊，也會讓人感到生活沒有意義，而懷舊有助於找回人生目標。

第十二章 我為人人，做就對了！

十多年前，教育家威廉．鄧恩（William Dunn）遇到了一個有行為問題的小男孩。他從小就沒有父親的陪伴，於是威廉便提議要帶他去釣魚。對威廉來說，釣魚是他應付壓力、恢復活力的祕訣。這項活動能讓他想起往日的美好：威廉童年時家境不好，但父親常帶他去釣魚，享受特別的親子時光。因此，威廉也決定按時帶這個問題男孩去釣魚，很快地，男孩的日常行為有所改善；他在學校的表現變好了，在家裡也更尊敬母親。

看到這個男孩出現正向的變化後，威廉突然覺得自己有某種使命，該去幫助其他沒有父親的孩子。他開始聯絡許多寄養家庭，並在每週末自費帶一群孩子去釣魚。這個活動已持續很多年，他教孩子們釣魚，並培養他們的責任感以及助人的心。

幾年前，威廉終於有機會將他的使命提升到新層次，他成立了一個名為「帶孩子去釣魚」（Take a Kid Fishing）的非營利組織，藉由釣魚旅行去輔導生活困頓且沒有父親的孩子。威廉至今仍與他在十多年前幫助過的那個男孩——現在已是年輕人了——一起去釣魚。

威廉將他的往日情懷和釣魚興趣轉變成一項輔導計畫，直接改善了數千名孩子的生活，也間接影響了更多人的生活。受過幫助的孩子會帶著這些美好的記憶長大，並設法幫助其他人。在世界各地，每天都有像威廉這樣的人致力於改善他人的生活。

在前面的章節，我們談到懷舊能驅動我們的親社會行為。接下來，我想深入探討這些行為的存在意義，聚焦於個人的能動性，我稱之為「存在的能動性」（existential agency）——相信自己有能力過著有意義的生活。

我們從往日的美好時光看到生命的意義，也更了解，每個人都得為自己的人生負責並創造意義，而實際的行動就包括幫助他人。念舊的人喜歡幫助他人，並創造有意義的生活。透過存在的能動性，每個人都想為家庭、社區以世界做出貢獻。

活出意義來

勇於犯錯、記取教訓，這也是一種生活的能動性。

生命中許多事情是自己無法掌控的。我們不能選擇自己的父母、出生的國籍、身體特徵或甚至是心理特質，我們的樣貌受到基因、社會和文化這些難以改變的因素所形塑。

儘管如此，憑藉著人類特有的智力，我們能制定長期目標，並透過精密的計畫和堅定的決心去實現。我們還能試著發揮個人的優勢、不受己身的弱點所影響。舉例來說，你很愛吃零食，但為了健康著想，你購買能解嘴饞的健康食品，以減低家中的食物誘惑。即使我們天生就有某些弱點，但知識就是力量，找出觸發負面行為的因素，制定計畫、下定決心，就能重新安排生活、實現既定目標。

偏離原定的人生軌道時，只要發揮能動性，就能找回原路或尋找新的方向。此外，我們也會更勇於犯錯並從中獲取教訓。帶著實驗精神，看看不同的環境和人會如何影響自己的情緒、思想和行為。我們能在心中模擬各種情況，包括懷想過去以及設想未來，並善用個人和集體的經驗向自己最嚮往的生活邁進。

在尋找人生意義的路上，運氣不是唯一的關鍵因素，也無須讓他人決定自己的命運。無論面臨到什麼樣的處境，我們都是自己人生的掌舵者、存在的能動者；對自己負責，努力去尋找個人專屬的生命意義。

幾年前，我和心理學教授阿貝塔共同創造出「存在的能動性」這個術語。我們認為，人類天生就渴望追求生命的意義，並因此調整自己的行動和想法。許多學者都在研究意義以及它對心理和身體健康的正面影響，但很少有人關注的它的能動性。

關於這個議題，我主要是受惠於奧地利精神病學家維克多・弗蘭克（Viktor Frankl）的研究。弗蘭克在二戰期間被納粹關在集中營，他經歷了一般人難以想像的苦難。即便如此，他依然深刻認識到心靈自由的力量及其所創造出的能動性。弗蘭克在他的名著《活出意義來》(*Man's Search for Meaning*) 中詳述了他在集中營的經歷以及他由此發展出的存在主義心理治療。他寫道：

我們這些在集中營生活過的人都會記得，有些人穿梭於各個營房安慰他人，或把最後一片麵包留給別人。這些人雖然不多，但他們充分證明了一件事：人可以被奪去一切，但有一樣東西是不能被奪走的：最後的自由。不管在哪種環境下，人都能選擇面對的心態及方式。

弗蘭克認為，生命意義是人類最基本的需求，人也有自由去追求它。有時生活處境的確很艱難，有些人不想對自己的人生負責，但其實他們有能力，只是沒有發揮自己的能動性。

透過存在的能動性，我們就能調整、掌握自己的人生意義。關於生命意義，各家各派有其看法。從基督教來看，生命意義是上帝賦予人類的禮物或任務，即便如此，你也有責任突破萬難去找出這個目的並付諸行動。每個人都知道，若想發揮潛力，自己就必須踏出嘗試的第一步。

無論你是否為虔誠的信徒，都會渴望獲得生命的意義，畢竟這是人類的天性與能力，也是不能逃避的責任。

堅定意志、往前邁進

懷舊能提升生活動力，讓我們追求有意義的人生目標。

若要發揮存在的能動性，就必須意識到你的心靈是自由的。有意義的行動始於有意義的心態，而懷舊在此非常重要。

前文提到，在懷舊的過程中，我們會再次留意跟自我概念有關的核心事物。生活中令人分心的事很多，所以得開啟自動導航模式。理想的話，我們可以建立有益健康的習慣和常規，但也會染上無法克制的癮頭和壞習慣。況且，過度依賴自動導航模式，就會很難活得有目的、有方向。因此，我們每隔一段時間就必須去檢視自己的生活方式，才能充分體現心靈自由。而懷舊的功效就在於重新聚焦生活的重點，並激發存在的能動性。

回想難忘的往事時，我們能發現更真實的自我以及對自己的期待，並進而開啟存在的能動性，而改變的第一步，就是確立人生目標。在我的研究中，最具有意義的新目標，就是「花更多時間與家人相處」。不少人會為了追求事業而遠走他鄉，但無論有多成功，時間久了都會覺得有點空虛，便會回憶起與家人相處的往日時光。在老家，他們才能感受到真誠的尊重與愛。因此，回想往事就有助於釐清內心的渴望，並重新規劃未來。

有些人會因此尋找離家更近的工作，哪怕是薪水較低或是得放棄原本的專業領域。面對如此大的變動和不確定性，他們會心生懷疑，但只要不斷回想與家人共度的時光，他們的意志就會更堅定，更明瞭自己的人生意義與目標。就算要面對接踵而來的挑戰，也會發揮創意去解決。懷舊讓人保持希望。我們也能藉此提醒自己，生命中最有意義的事情，得付出努力才能實現。

多項研究發現，回想美好的往事，我們就更有動力去追求有意義的生活目標。南安普頓大學的賽德凱茲教授將前來受試的參與者分為兩組，分別寫下懷念的往事以及一般的回憶。[1] 寫完後，他們再一一列出對自己最重要以及無關緊要的目標，並回報對於追求這些目標的動力。結果發現，懷舊能增加追求重要目標的動力，但對於無關緊要的目標就沒有影響。

換句話說，念舊的我們不是對任何目標都有動力，而是會專心朝向重要目標，將所有能量集中在最有意義的活動上。

在我的研究中，有位參與者談到，他最懷念的就是自己的大學畢業典禮。他是家中第一個上大學的人，後來也繼續攻讀博士；每當他對自己產生懷疑、失去動力時，就會回想起那一天。他藉此重新專注於原先設定的目標：拿到博士學位，成為大學教授。此外，對於跟他一樣境遇的學生，他也鼓勵他們要堅持不懈。

想想看：

人生當然無法全面掌控。有時，我們無法按照自己的想法去生活，也無法控制生命的走向，這時不妨回想美好的往事，以激發出存在的能動性，並妥善運用自己的能力。

透過懷舊，就能暫時跳脫現況，重新調整心態與步伐。專心回想一段珍貴的往事，思考其中有哪些線索能反映出你真正渴望的生活。接下來，試著制定計畫與具體的步驟，並朝著你想要的生活邁進。即便只是微小的改變，也都能讓你重新掌控自己的生命。

幸福不光是自己活得好

生命意義能提升能動性，催促我們做出決策、付諸行動，讓人生更加圓滿。這不光是反思，而是實際行動。觸發存在的能動性，我們會更積極投入於各項事務。因此，威廉・鄧恩才會組織「帶孩子去釣魚」。當你做出有意義的決定後，就應該捲起袖子去實現它。

生命意義不是與福祉劃上等號的心理狀態（例如快樂）。心理學家在研究福祉時，多半著重在心理狀態，所以會問當事人這樣的問題：

你目前覺得快樂嗎？或是悲傷、焦慮、憂鬱？你覺得壓力大嗎？對自己的生活、工作或人際關係滿意嗎？你常感到孤獨嗎？

這些問題確實很重要，但若想了解人類的福祉，便必須去探究想法與感受如何轉化為實際行動。

我們都知道，心情會影響行為。研究人員曾在酒吧裡做實驗，他們將寫有笑話的卡片附在一些帳單上。[2] 研究人員假設，若顧客在收到帳單時會微笑，就會更願意給小費。結果顯示，收到笑話卡的顧客的確付了更多小費。

這現象並不令人意外，對某些行業的人來說尤為明顯，因為他們的工作成果取決於顧客的滿意度。而各大企業也都花費大量的時間和金錢在了解和服務消費者。

雖然心理狀態會影響行為，但大多數的心理學家都將行為與福祉當成兩件事。我的看法不同。我認為行為是福祉的核心部分。如果我們僅從心理狀態來評斷福祉，就會過度看重自己的感受，而忽視善行所帶來的生命意義，更何況助人能讓心情變好。

行為對於內在感受的影響很大，反之亦然，不過這個相互作用不一定會立即出現。對自己或他人有益的行為一開始不會讓你感覺良好。

體能訓練就是一例。越來越多人理解到，這對身體和心理健康都有益處，但前提是你必須持之以恆，無論你是否感覺沮喪、缺乏動力或只是懶惰。此外，如果你很久沒有運動了，一開始投入訓練也會感到很不舒服。

因此，短期來看，體能訓練反而會導致心理和生理的不適，好處要過一段時間後才會顯現出來。身體狀況有所改善後，定期的訓練就能有效提升正向情緒，並改善心理健康。因此，體能訓練能為個人帶來福祉，但它不見得令人愉快。因此，我們需要改變思考模式，並以行動作為福祉的指標，而不是以個人感受為優先考量。因此：

> 要實現個人整體的福祉，不光是要考量到自己，還要投入助人和改善世界的行動。

完整的福祉不光是照顧自己，還涉及到跟周圍世界的互動。人類的繁榮與茁壯有賴於彼此的合作，唯有為他人生活帶來正面的影響，才能感受到人生的意義。我認為，每個人的福祉都與他在社會中的所作所為密切相關。

哪怕你定期運動、吃得健康又睡得充足，但若從不幫助他人，就很難實現完整的福祉。大量研究顯示，當志工等親社會的行為有益身心健康。[3] 因此，福祉應包括照顧自己、幫助他人和改善世界。存在的能動性促使我們關注外在的人事物。正如心理學家弗蘭克所說，集中營中還是有願意幫助他人的囚犯。當我們的能動性發揮到極致時，哪怕是在最艱困的情境下，還是會考量到其他人的利益而行動。

每個人都有責任要去尋找自己的生命意義，除了自我反思，也需要將焦點轉向實際生活並付諸行動。思考生命的哲理當然很有趣，但若想要活得有意義，就必須走出自己的腦袋，投身到現實世界之中。

受人涓滴，必當湧泉以報

懷舊讓人心情好，並更有動力去造福他人；也就是說，它能觸發存在的能動性以及服務他人的熱情。前面提到，懷舊能觸動社會連結感，讓我們更想與家人和老友聯繫，進而滿足社交需求。此外，我們還會因此更想幫助他人。

舉例來說，作家、音樂家、企業家和電影製作人都得尋求創新和獨創性，而他們的創造力也多來自於某些特殊的人生經歷。哪怕是一些新奇的想法，但若沒有遇上一些意義深遠的人事物，也是無法具體成形。小說家得構想出全新的角色，創造出天馬行空的世界觀；在這些藝術作品的背後，可以看出作者過往的生活元素。因此我認為，創造力與原創性能補足當事人的外在福祉，與世人分享自己的創意，就是試著讓社會更加繁榮而有活力。

創業總得賺錢，否則就難以永續經營。然而大多數的創業者不光是想賺錢，也想要實現利益眾生的渴望，將才華或愛好轉變成能助人的新穎事物。創業肇始於想法和理念，但需要與人交流、實際行動才能成功。

創業的風險很高，所以當事人往往得承受龐大的壓力，每日焦慮不已。有些人放棄了原先穩定且收入豐厚的工作，把所有的心力和資金都拿來創業，但最終卻以失敗告終。從狹義的個人福祉來看，創業並不理性，但從社會互動的觀點來看，創業能實現完整的福祉，因為當事人正試著發揮影響力改變他人的生活。

當然，並非每個創業者都想改變社會，有些生意人只是看中消費者的弱點而藉此大賺一筆，但那些是少數的案例。社會上大部分的人努力賣東西或提供服務，以此賺取微薄的收入，但你的生活因此更加方便、居住環境也更加宜人。

對於許多創業者來說，懷舊是最主要的創業動機。有些人開了餐飲店，是因為很懷念小時候媽媽做的家常菜。有些人會成為機械工程師，是源自於過往與父親一起修理老車的回憶。我訪問過各式各樣的小型企業主，他們心中都有一段啟發創業的懷舊故事。

許多人創作不一定是為了賺錢，而是想運用自己的才能為他人帶來正面影響，例如為家人織圍巾、參加教堂合唱團、幫慈善機構募款等等。他們會投入這些活動，通常是來自於往日的美好回憶；他們從中發現自己的專長，並願意用來幫助他人。

在我的一項研究中，有位參與者談到母親教她織圍巾。她談到，雖然覺得母親織的圍巾很老氣，但她很懷念母女相處的那段時光，所以現在也會織圍巾送給家人和好友。

事實上，每個人都是創作者，能為他人帶來正面又積極的影響。即使是簡單的活動，例如烤餅乾送鄰居吃，也能展現當事人的能動性、社會意識和懷舊情懷。我們發自善意，希望做些事情讓人感到快樂以及備受重視。我們相信這樣做的效果，是因為以前也受過家人或鄰居的照顧而留下美好的回憶。這些餅乾的成分是麵粉、糖、脂肪以及人情味。

想想看：

有哪些懷舊回憶能激發出你的創造力，並用來影響身邊的人並改變世界？以前你發揮過類似的才華嗎？

重／點／回／顧

- 存在的能動性：相信自己有能力過有意義的生活，也能創造自己的生命意義。
- 發揮能動性、運用往日的美好經驗來探索和找回生命意義。
- 懷舊能驅動存在的能動性：回憶往日最有意義的活動，便能朝理想中的自己前進。
- 行為會影響感受，反之亦然。
- 每個人都有責任尋求人生的意義，這不光是向內反思，還包括採取行動來幫助他人。而懷舊能滿足個人的社會需求，並鼓勵自己造福他人。

第5部

打造美好的未來

第十三章 用老歌和老電影團結你我

我最近換了割草機，從傳統的汽油馬達換成電動馬達。老實說這是我妻子的主意。我使用傳統割草幾十年了，很習慣自己所熟悉的器材，從沒想過要改變什麼。一開始我很懷疑電動割草機的性能和續航力，使用一段時間後我就愛上它了。我再也不必因為添加汽油而弄得髒兮兮，也不用更換火星塞或機油。電動割草機容易收納，運轉時很安靜、效能很好，對環境也更加友善。事實上，我太喜歡它了，甚至於把其他舊工具都換成電動的。

回首過去，我不禁開始回想當初為何要抗拒改變。我一直以為自己心胸開闊，懂得嘗試新科技，再說改用電動割草機也不是什麼人生重大決定，不好用的話，頂多就是拿去賣掉而已。

每個人都要面對生活中的一些改變。若想改善自身的處境以及周圍的世界，就得試著探索新的想法和可能性，以及不同的做事方式。有些人比較能接受新奇的事物，但總會有固執的一面。大部分的人都不喜歡冒險，因為面對變化太劇烈或迅速的外在世界，總會令人感到焦慮。害怕改變是正常的，但過度謹慎或恐懼的話，就會阻礙個人以及社會的進步。在瞬息萬變的世界，若無法迅速適應的話，甚至會危害到自己的福祉。

面對難題時，懷舊能化解焦慮感，培養正向的心態，並驅策我們向前邁進，在適應環境變化的同時，進而創造美好的未來。

日新月異的科技

光陰不斷流逝，所以我們都希望自我的感覺跟形象是穩定的。我們渴望成長、也得面對改變，但並不希望失去自我的核心。要維護自我的連續性，不光是要維護內在的自我概念，周圍的世界也最好保持穩定。

人類行為的驅動力有兩種：安全需求和成長需求。穩定生活、避免危險是很重要的；當周圍的世界可預測，知識才可靠，我們也才能確立方向、成長茁壯。如果外在環境經常變動，我們就得經常學習新的觀念、規則以及運作模式。改變會帶來不確定性，也會帶來焦慮感甚至是傷害。社會和文化的改變影響最大，因為掌握潮流和脈動才能存活下來。

想想看：

到陌生的環境旅行時，當地的風土民情是否會令你感到緊張、不安或者有壓力？

在一個多樣化且充滿活力的國家，如美國，社會和文化常常在變，所以容易讓人感到不安和焦慮。有些改變不會影響生活，所以大家不會放在心上，但如果會影響到目前環境的舒適度，就會令人感到焦慮。

多多嘗試新的科技製品、了解它們的功效與便利性，就會更願意接受這方面的改變。為了簡化流程、提高效率，我們都渴望擁有日新月異的科技產品。但進步也會令人煩惱，例如就業環境的變化；機器人和電腦會取代一些工作，有些人因此收入減低，進而感覺不到自己在社會上有所貢獻。這種恐懼感從工業革命以來就不曾間斷；創新讓人擔心，新發明會奪走謀生機會與生命意義。

七〇年代起，金融業開始引入自動提款機，此後短短數十年間就遍布全球。當年許多人都擔心，往後銀行不再需要出納員，許多工作會因此消失；既然機器能算錢和發錢，那就不需要雇用真人了。然而實際狀況卻剛好相反，出納員的需求不減反增，因為開設新分行的成本降低了，所以銀行就得僱用更多的行員。如今，銀行的據點和自動提款機到處都有，申辦金融服務就更加方便了。自動提款機負責簡單的事務，行員有餘裕接受各種培訓，更能與客戶建立良好關係並提供優質的服務。

確實，有些自動化流程會減少工作機會。就金融業來講，最大的威脅就是網路銀行。早在新冠疫情爆發前，網路銀行便已日益普及，雖然有些人還是抱持懷疑的態度，但在疫情爆發後，許多實體銀行暫停營業，民眾就轉而使用網路金融服務。大家開始發現它的效率與便利性，就不再那麼依賴實體銀行，行員的需求量便跟著降低。

自動化減少了傳統金融工作的職缺數量，不過從科技史來看，新的工作機會還是會不斷出現。失去工作很辛苦，學習新技能很不容易。社會變革有各方面的益處，但仍舊會產生陣痛期，令人感到不安和焦慮感。

改變的重要性

改變有好有壞。食品業和運輸業的進步，讓世上許多地方的人能買到便宜的糧食而免於挨餓。但另一方面，現代人也因此有肥胖和浪費食物的問題，而大規模的農牧業也造成了環境的汙染。換句話說，改變所帶來的影響是相當複雜的。我們更容易種植、保存食物，但也衍生出其他的問題。所以每當有重大變革時，社會全體就必須考慮大局，不斷反思與修正。

我們無法精準預測實驗和創新會帶來哪些正面或負面的後果，但如果拒絕改變，就永遠無法改善自己以及他人的生活。所以我們需要各種方法來應對不斷變化的外在世界。

同甘共苦

懷舊有助於放慢步調，讓我們去理解與接受改變的理由。

如同我在本書中所強調的，陷入負面心理狀態時，大腦會從懷念的往事中尋求安慰。孤獨時，我們會想起愛護和支持自己的人；所以有社交方面的煩惱時，往事可以當成一種安慰。

不斷改變的外在世界令人焦慮時，我們也會想念舊時光。如果公司購買新的電腦作業系統，而員工們很難適應的話，就會感到沮喪和焦慮，並且開始懷念起過往的工作模式。因此，有些人深信懷舊是進步的阻礙。唯有放下過去，採取正向的心態，員工才能接受變革，並適應新的工作系統。

事實上，人類的心智不是這樣運作的。我們不是機器人，懷舊也不是阻擋進步的大石頭。懷舊不一定是在抗拒改變，而是大腦正在緩慢地適應現實。面對新的作業系統時，員工會在懷念舊系統的過程中相互交流、互相安慰；表面上看來是在拒絕改變，但實際上是在逐步適應新的工作方式。懷舊有助於放慢步調，讓我們去理解與接受改變的理由。

美國社會學教授密里根（Melinda Milligan）在一項田野調查中記錄下上述現象。[1] 她成為一家咖啡店的員工，並研究同事們在店址搬遷前後的情況，包括他們如何面對這項改變。密里根在舊店工作四個月，在新店工作十八個月，總計花了快兩年的時間去觀察同事們的變化。她記錄並參與了同事們的對話，並了解他們在這段時間的想法和感受。在觀察期結束後，她對每位員工進行深入訪談，以檢視搬遷帶來的影響。

密里根發現，咖啡店搬遷後，員工們經常懷念老店的一切，並談起往日的種種故事。改變觸發了懷舊之情。關鍵是，員工們也慢慢地適應了新的工作環境。在過渡期裡，懷舊帶來了安慰感和穩定感。

因此，雇主們大可以放心，員工們懷舊不是壞事，這有助於減輕變革帶來的焦慮感，並逐步開放心胸並去學習新東西。焦慮感太強烈的話，員工會更加守舊而有防禦心，絕不肯接受變化。但在懷舊的撫慰效果下，我們就能做好心理準備。

想想看：

如果你正在經歷重大的改變，令你備感壓力或焦慮，可以試著定期寫懷舊日記。每天花幾分鐘寫下一段令你覺得安慰的往事。與同患難的友伴或同事多交流，分享各自的美好回憶，就有助於減輕焦慮感。你也可以舉辦活動，例如每週一次的午餐聚會或週五聚餐，讓每個人說出怨言，一同聊聊美好回憶，就能有助於一起面對改變。

修補分裂的世界

常常回想往事，就能提醒自己，應該重視的是深層的社交活動。

感到嚴重焦慮時，我們會無法吸收新資訊，也更無法有效適應變化。發揮懷舊的療癒力，我們就能整合、運用新資訊並做出明智的決定，進而順利融入新環境或情境。

我們應該回頭看那些令人感到有意義的經歷，並引導自己繼續往有價值的目標前進。外在世界發生重大變化時，我們得做出相應的決策。例如公司組織異動、令人感到焦慮時，我們就得決定是否要接受挑戰，還是去尋找更適合自己的工作。很難確知自己到頭來是否能夠適應成功，因此必須仔細思考這份工作是否符合自己長久以來設定的人生目標和意義，以及它是否為長久之計。

在此，我們可以從過往的工作經歷來尋找線索，以提醒自己最珍視的價值觀。有些人會想念以前與同事的交流與合作，所以把人際關係當成工作最重要的因素，所以在面對公司的變革時會考慮這方面的負面影響。如果他們的同事都沒有變，那就可以很順利地適應新變革。有些人在過往的工作中最看重的是自主性，但公司變革後他們必須聽命於人，這時他們就最好去尋找更合適自己的工作。

追根究底，懷舊能提升適應力，是因為我們能藉此恢復自主感。當外在世界穩定且可預測時，我們對自己的掌控力有信心；但有重大變革時，這份自主感就會被削弱。

有時，我們以為拒絕改變就能維護掌控感，即使那項改變從長遠來看是有益的。公司有所變革時，員工會感到焦慮和失去信心，但也得藉此培養新技能來充實未來的職涯發展。實際上，公司的變革有助於員工提升能力與信心，只是在變化之初得設法面對緊張與焦慮。我們能用懷舊來找回自主感並減少焦慮，此後就能更加適應不斷變化的外在世界。

北京師範大學心理系教授黃旎雯在研究中觀察懷舊如何幫人恢復控制感。[2]這項研究很有意思，因為新科技迅速且戲劇性地改變了人們的生活，而黃教授的團隊特別觀察到，智慧型手機降低了我們對生活的掌控感。

智慧型手機有如掌上型的高效能電腦，讓我們隨時隨地都可以上網與人聯繫、查看地圖，還能預訂各國的航班、旅社或餐廳。除此之外，你還有無限量的音樂、影片可聆聽和觀賞，並完成如付帳單等日常事務。但這也意味著我們很容易因此而分散注意力。在二〇二二年的一項調查中發現，美國人平均每天查看自己的智慧型手機三百五十二次。[3] 其他研究發現，人們因使用智慧型手機而分心時，就會覺得手頭上正在做的事情沒那麼有意義。[4]

黃教授猜想，智慧型手機削弱了人們對生活的掌控感，所以才會令人回想到舊時光。為了驗證這項想法，黃教授進行了幾項實驗，將參與者隨機分成兩組，一組可以使用智慧型手機，另一組則不可使用。研究人員還測量了第一組在一天中使用手機的頻率。

一如預期，研究人員發現到，在社交活動中使用手機的參與者其生活掌控感較差；同樣地，使用手機的頻率越高，就更沒有安全感。研究人員還發現，在社交活動中滑手機、每天翻看手機頻率高的參與者，懷舊之情都更加強烈。這是因為參與者覺得失去了生活的掌控感，所以想從往事中找回一點信心。

智慧型手機是很好的例子，讓我們看到科技變革的正面及負面影響。它可以讓生活變得更便利和有趣，但也可能使我們分心，從而忽略掉有意義的人生經歷。有越來越多人擔憂網路與社群媒體的副作用，包括惡化原有的社會問題或政治分裂。社群媒體是強大的聯繫工具，有心人士能用它來發散假消息和煽動人心。它還造成了同溫層效應，導致我們只跟政治和社會立場一樣的人互動。人們難以團結、難以找出共同點，對彼此更沒有信任與包容心，也不想參與公共事務，最終導致社會難以維持一致的文化觀點。

網路助長政治對立與混亂，但懷舊有助於保持穩定。與其花時間在網路上與同溫層取暖互動，或是收看充滿負面訊息的網紅直播，那不如想想老朋友跟家人，以提醒自己深度社交活動的重要性。

每個人都會有政治立場與自己不同的老友或家人，所以更應該回想往事，試著去欣賞他們的其他特質。人心複雜、觀點各異，即使你不認同對方的政治觀點，但你們卻支持相同的球隊。回憶彼此共同經歷過的舊時光，就能找回那些共同點。

研究發現，在往日美好記憶中所出現的人若屬於某個群體，那我們對那個群體會更有好感。愛爾蘭心理學教授里安農・特納（Rhiannon Turner）在研究中發現，請年輕人去回想起與老年人有關的美好往事，他們對老年人就會更友善。[5] 在其他研究中，特納和她的團隊同樣發現到，當人們回想到與精神疾病患者有關的懷舊記憶時，他們對於其他受苦的患者會產生更為正向的感情。[6]

與文化相關的懷舊記憶（包括趣味的流行話題）可以成為各群體的共同連結點。雖然大家的政治觀點不同，但對於過往的球賽、音樂、電影和衣著會有共同的回憶。你也會發現，那些被偏激分子煽動的民眾，其實和你一樣要過生活，有恐懼、希望和夢想。

透過懷舊活動，不同的觀點的群體便能分享美好的回憶，消彌政治上的對立，進而共同建立更好的未來。

因此，如果你與某人在政治觀點上有衝突，不妨跟他一起聊聊老歌或老電影，一定能找到交集之處。有些人的社會立場跟你不同，但卻出現在你的懷舊回憶中。花個幾分鐘想想這些往事，找出你們的共同點，並欣賞彼此的複雜性。

重／點／回／顧

- 環境改變會令人焦慮；對此抱持謹慎的態度是合理的，但過度恐懼會阻礙個人與社會的成長。
- 社會變革大多是有益的，例如科技進步，但仍然會讓人產生不安和焦慮感。
- 環境變革時開始懷念往事，這並不代表在抗拒改變，而是大腦在調整步伐以適應現實。
- 從懷念的往事中恢復自主感與掌控感，就更能適應環境的改變。
- 碰到與自己意見不合的人，不妨從往事中找出彼此的共同點，讓關係更加親近。

結語——念舊不是食古不化

在不斷變化的世界中，懷舊能帶來安慰，甚至讓我們成為變革的推動者。

幾年前，我參加了一場講座，講者是具有科學、醫學和科技背景的學者，而演講內容談到阻礙創新的因素，包括政治和政策等面向。無數的科學家、工程師以及企業家都在為了改變世界而致力於開創新產品和新服務，並試圖將其導入市場，卻面臨到許多困難。不光如此，社會文化和大眾心理中也潛藏著一大障礙，也就是就是懷舊情懷。

因此這位專家認為，懷舊與進步是對立的心態。懷舊的人重視熟悉感，而不是未來的可能性。這種觀點很常見。許多提倡進步的人都認為懷舊阻擋我們改善環境。緬懷過去的人無法規劃未來，也很難有所成長。

這些批評者自有其道理。確實，許多懷舊人士常常會抵制新觀念、新發明。當中有些人是個性使然，他們非常依賴秩序和穩定，所以很難適應各種變化，甚至感到焦慮。世界變化快，不會等著人們去適應，所以只能從過去尋找慰藉來化解焦慮。

所以，某些人之所以會抗拒變化，往往是個性以及心理素質使然。在混亂的世界中，懷舊能帶來安慰，更能提升適應力。雖然他們不會成為大膽而無畏的發明家，但至少能慢慢融入新世界。

當然，也會有人害怕到變成守舊人士，但有些人則屬於另一個極端：渴望冒險、偏愛新奇的事物。一般人都是介於兩個極端之間，一方面透過懷舊安慰自己，並緩步成為變革的推動者。因此，懷舊絕對會不阻礙進步，反而是一種動力。

後退即是前進

除了懷舊心理學，我也在開發進步心理學（psychology of progress）。我特別感興趣的是，心理狀態如何影響行動力並帶領自己打造美好的未來。

人們在討論進步時，都將探討重心集中在科學、科技、政治和法律，卻很少討論到心理狀態的影響力，即使它是如此重要。進步始於創意，之後人們再加以探索、測試、分享以及論辯，而當中每一項步驟都有相應的心理進程。

創意不會自己變成實際的發明與創新，必須有人大力倡導、推動才行。倡議者必須去說服有影響力的大人物，並激起大眾的興趣。改變的過程非常艱辛，也不見得令人開心。但社會之所以會進步，起始於有些人渴望改變；他們生性樂觀、主動、有韌性又有創造力。而懷舊正有助於培養這些心理特質。

進步有賴於無數的實驗，當然也包括失敗的嘗試。想想看，假如新想法落空時，社會全體就沮喪到底、一片死寂，那人類現在還是靠著狩獵和採集維生，而且技術和效率還很差。對某些人來說，這種情況並沒有那麼糟糕。我很喜歡接近大自然，也懂得欣賞返璞歸真的生活方式。即便如此，我還是很享受輕鬆、安全、舒適的生活，而這些都有賴於科學、技術和醫療上的進步。絕大多數人都是這樣想的；有時會對環境變革感到憂慮，但還是喜歡進步，並且希望它繼續發展下去。

在追求整體的進步時，創新的計畫或新方法難免會失敗。因此，我們必須堅強、有能動性和韌性。前進的道路上總會有障礙，問題也很難立即解決，但我們還是能克服萬難、達成目標。積極與韌性就是前進的動力。測試新想法和新做法難免會失敗，令人感到沮喪和挫折，但只要堅持不懈，就有成功的機會。

懷舊有助於激發能動性以及重新聚焦，讓我們在低潮時找到前進的動力。面臨到挫折和失敗、需要恢復信心時，我們從過往的成果就能看到廣闊的大局，並提醒自己重新振作。孤獨或社交孤立的人只要想想過去的榮光，就能恢復信心和動力。面對重大挑戰時，我們也能從過去的成功經驗中尋找靈感。

想建立美好的未來，就得先發揮想像力擘劃藍圖，並產生動力將這項願景變成現實。社會面臨重大挑戰時，人們很容易對未來感到無望，並將進步視為不可能實現的目標。悲觀的人找不到改善現狀的理由，會將注意力轉向自己的內心，變得更自我中心。對他們來說，這世界沒有意義，個人不需要有所付出與犧牲，索性享受人生就好。不過，許多研究都顯示出，懷舊能使人更加樂觀。

懷舊也能激發創造力與創新思維，而找到解決問題的新方法，才有進步的可能。研究發現，多多回想美好的往日，我們會更具有創造性。從過往的經驗中尋找靈感，就能開啟未來新的可能性。

想要培養進步的心態，就要找出自己的生命意義。對這些意義深信不已，就會帶著成長心態，發揮能動性和韌性，以樂觀的態度面對挑戰，並運用創造力去解決問題，進而在這個科技新時代建立美好的未來。

懷舊是進步的關鍵。從過往生活中找出啟發和意義，就更懂得珍惜這個世界，並為它付出努力。懷舊記憶充滿了生命意義，能激發出能動性及樂觀的心態。我們因此更有可能堅持下去，也更有勇氣探索新的想法。

與歷史和文化有關的懷舊記憶最能夠激發出進步心態。社會上有許多人和團體都在推動改善世界的新方案，包括一些地方鄰里的計畫。他們會從以往的成功故事來找靈感和證明，以免自己太過悲觀，一直以為這世界越來越爛、進步只是迷思而未來渺茫無望。在過往每個世代的付出、努力與犧牲之下，科技、醫藥、文化和法律都不斷在進步，致使今天的人們受益匪淺。歷史上有太多的發明家與改革者被同時代的人嘲笑、否定，但他們的成功故事是寶貴的文化記憶，應該好好保存下來，並傳承給未來世代。

懷舊就是力量

懷舊不只是話當年，而是能讓我們更珍惜眼前的生活，並對未來更為樂觀。

我在本書的開頭提到，人類的天性是以進步為導向，雖然會有守舊的一面，但各方面都要先穩定，才能蓬勃發展，否則很容易在混亂的世界中迷失自己。我們不甘於停滯不前，所以總帶著好奇心去探索新想法跟做法，並創造新事物、改善環境。所以我們有防衛心，也有成長心態，會想要有所進步。

從直覺上來看，懷舊是在心理上回到過去，它似乎是與進步對立。但許多研究都發現，回首美好的過往有助於我們去面對當下與未來。懷舊不只是話當年，而是為了讓自己更珍惜眼前的生活，並對未來更樂觀。懷舊確實能帶來許多正向效用，包括激發能動性、追求目標並改善未來的生活。回想年輕時的美好生活，就能鼓勵自己繼續努力、幫助他人。記住，人類是以未來為導向，從珍貴的回憶中尋找靈感與指引，就能建設美好的明天。懷舊不是人性的弱點，而是不容否認的正向力量。

致謝

一般來說，寫作是孤獨的活動，但撰寫科學著作則必須依賴於許多人的研究、知識與經驗。感謝我的出版經紀人Nathaniel Jacks，他任職於Inkwell Management，給了我許多指導和鼓勵。我也要感謝Susan Golant在編輯上的協助。此外，我還要感謝我的編輯團隊Robert Lee和Sounds True，在他們的幫助下，我才能將累積了二十年的懷舊研究轉化為簡潔易讀的書籍。這本書出版後，我希望更多人能運用珍貴的回憶來改善生活和周圍的世界。

本書奠基於許多心理學家與社會學家的出色研究，範圍包括懷舊、行為動機、心理和身體健康等。我非常感激他們的付出。我特別想感謝幾位長期合作的學者，包括Jamie Arndt、Andrew Abeyta、Jacob Juhl、Taylor FioRito、Matthew Vess、Jeff Johnson。我尤其想感謝我的好友Constantine Sedikides和Tim Wildschut，他們對懷舊心理學的貢獻比任何人都多。我也非常感激Archbridge Institute的同事們，包括Gonzalo Schwarz、Ben Wilterdink、Kali Keller，他們的鼓勵和創意對我幫助甚大。我非常幸運能與這樣出色的團隊合作，一同致力於為人類謀福利。

最後要感謝我的家人：我的母親、已故的父親、兄弟姊妹以及孩子們。他們以獨特的方式啟發了我。我要感謝我的妻子Jenny，在過去這二十五年來，我們共同面對了許多挑戰，也創造了許多懷舊的回憶。如果沒有她的愛和鼓勵，這本書就不會出現。謹將本書獻給她。

作者簡介

克雷・勞特雷奇（Clay Routledge）

勞特雷奇博士是存在主義心理學的專家。他的工作重點在於幫助人們發揮潛力，進而建立起有意義的人生。他目前擔任拱橋研究所（Archbridge Institute）的研究副總裁以及其底下人類繁榮實驗室（Human Flourishing Lab）的主任。在加入研究所前，勞特雷奇在學術界工作長達二十年，擔任心理學和管理學教授，領域涵蓋社會心理學、文化心理學、組織行為和團隊領導等。除了本書以外，勞特雷奇著有《懷舊：心理資源》（*Nostalgia: A Psychological Resource*）和《為什麼我們總是相信超自然》（*Supernatural: Death, Meaning, and the Power of the Invisible World*）。更多資訊請上網頁clayroutledge.com查詢。

(2016): 275–98.

5 Rhiannon N. Turner, Tim Wildschut, and Constantine Sedikides, "Fighting Ageism Through Nostalgia," *European Journal of Social Psychology* 48, no. 2 (2018): 196–208.

6 Rhiannon N. Turner, Tim Wildschut, Constantine Sedikides, and Mirona Gheorghiu, "Combating the Mental Health Stigma with Nostalgia," *European Journal of Social Psychology* 43, no. 5 (2013): 413–22.

Press, 2013), 213–26.
11 Constantine Sedikides and Tim Wildschut, "Finding Meaning in Nostalgia," *Review of General Psychology* 22, no. 1 (2018): 48–61.
12 Van Tilburg, Igou, and Sedikides, "In Search of Meaningfulness," 450–61.

第十二章

1 Constantine Sedikides, Wing-Yee Cheung, Tim Wildschut, Erica Hepper, Einar Baldursson, and Bendt Pedersen, "Nostalgia Motivates Pursuit of Important Goals by Increasing Meaning in Life," *European Journal of Social Psychology* 48, no. 2 (2018): 209–16.
2 Nicolas Gueaguen, "The Effects of a Joke on Tipping When It Is Delivered at the Same Time as the Bill," Journal of Applied Social Psychology 32, no. 9 (2002): 1955–63.
3 Peggy A. Thoits and Lyndi N. Hewitt, "Volunteer Work and Well-Being," *Journal of Health and Social Behavior* 42, no. 2 (2001): 115–31.

第十三章

1 Melinda J. Milligan, "Displacement and Identity Discontinuity: The Role of Nostalgia in Establishing New Identity Categories," *Symbolic Interaction* 26, no. 3 (2003): 381–403.
2 Niwen Huang, Shijiang Zuo, Fang Wang, Yawen Li, Pan Cai, and Shun Wang, "New Technology Evokes Old Memories: Frequent Smartphone Use Increases Feeling of Nostalgia," *Personality and Social Psychology Bulletin* 49, no. 1 (2023): 138–51.
3 "The New Normal: Phone Use Is Up Nearly 4-Fold Since 2019, According to Tech Care Company Asurion," Asurion, asurion. com/connect/news/tech-usage/.
4 Shalini Misra, Lulu Cheng, Jamie Genevie, and Miao Yuan, "The iPhone Effect: The Quality of In-Person Social Interactions in the Presence of Mobile Devices," *Environment and Behavior* 48, no. 2

4 Nathaniel M. Lambert, Tyler F. Stillman, Joshua A. Hicks, Shanmukh Kamble, Roy F. Baumeister, and Frank D. Fincham, "To Belong Is to Matter: Sense of Belonging Enhances Meaning in Life," *Personality and Social Psychology Bulletin* 39, no. 11 (2013): 1418–27.

5 S. Katherine Nelson, Kostadin Kushlev, Tammy English, Elizabeth W. Dunn, and Sonja Lyubomirsky, "In Defense of Parenthood: Children Are Associated with More Joy Than Misery," *Psychological Science* 24, no. 1 (2013): 3–10.

6 Clay Routledge, Jamie Arndt, Tim Wildschut, Constantine Sedikides, Claire M. Hart, Jacob Juhl, Ad J. J. M. Vingerhoets, and Wolff Scholtz, "The Past Makes the Present Meaningful: Nostalgia as an Existential Resource," *Journal of Personality and Social Psychology* 101, no. 3 (2011): 638–52.

7 Paul J. Maher, Eric R. Igou, and Wijnand A. P. van Tilburg, "Nostalgia Relieves the Disillusioned Mind," *Journal of Experimental Psychology* 92 (2021): 104061.

8 Eric R. Igou and Wijnand A. P. van Tilburg, "The Existential Sting of Boredom: Implications for Moral Judgments and Behavior," in *The Moral Psychology of Boredom*, ed. Andreas Elpidorou (Lanham, MD: Rowman & Littlefield, 2021).

9 Wijnand A. P. van Tilburg, Eric R. Igou, and Constantine Sedikides, "In Search of Meaningfulness: Nostalgia as an Antidote to Boredom," *Emotion* 13, no. 3 (2013): 450–61.

10 Clay Routledge, Constantine Sedikides, Tim Wildschut, and Jacob Juhl, "Finding Meaning in One's Past: Nostalgia as an Existential Resource," in *The Psychology of Meaning*, ed. Kenneth D. Markman, Travis Proulx, and Matthew J. Lindberg (Washington, DC: American Psychological Association, 2013), 297–316; Jacob Juhl and Clay Routledge, "Nostalgia Bolsters Perceptions of a Meaningful Self in a Meaningful World," in *The Experience of Meaning in Life: Perspectives from the Psychological Sciences*, ed. Joshua Hicks and Clay Routledge (New York: Springer

Strategies," *Journal of Health Psychology* 12, no. 6 (2007): 895–906.
11 Yannick Stephan, Angela R. Sutin, and Antonio Terracciano, "Younger Subjective Age Is Associated with Lower C-Reactive Protein among Older Adults," *Brain, Behavior, and Immunity* 43 (2015): 33–36.
12 Dana Krotter-Grühn, Anna Kleinspehn-Ammerlahn, Denis Gerstorf, and Jacqui Smith, "Self-Perceptions of Aging Predict Mortality and Change with Approaching Death: 16-Year Longitudinal Results from the Berlin Aging Study," *Psychology and Aging* 24, no. 3 (2009): 654–67.
13 Yannick Stephan, Aïna Chalabaev, Dana Krotter-Grühn, and Alban Jaconelli, "Feeling Younger, Being Stronger': An Experimental Study of Subjective Age and Physical Functioning Among Older Adults," *Journals of Gerontology, Series B: Psychological and Social Sciences* 68, no. 1 (2013): 1–7.
14 Andrew A. Abeyta and Clay Routledge, "Fountain of Youth: The Impact of Nostalgia on Youthfulness and Implications for Health," *Self & Identity* 15, no. 3 (2016): 356–69.
15 Abeyta and Routledge, "Fountain of Youth," 356–69.
16 Abeyta and Routledge, 356–69.

第十一章

1 Stephanie A. Hooker and Kevin S. Masters, "Daily Meaning Salience and Physical Activity in Previously Inactive Exercise Initiates," *Health Psychology* 37, no. 4 (2018): 344–54.
2 Taylor A. Nelson, Andrew A. Abeyta, and Clay Routledge, "What Makes Life Meaningful for Theists and Atheists?," *Psychology of Religion and Spirituality* 13, no. 1 (2021): 111–18.
3 Laura Silver, Patrick van Kessel, Christine Huang, Laura Clancy, and Sneha Gubbala, "What Makes Life Meaningful? Views from 17 Advanced Economies," Pew Research Center, November 18, 2021, pewresearch.org/global/2021/11/18/what-makes-life- meaningful-views-from-17-advanced-economies/.

第十章

1 Ernest Becker, *The Denial of Death* (New York: Free Press, 1973
2 Clay Routledge and Matthew Vess, eds., *The Handbook of Terror Management Theory* (New York: Elsevier, 2018).
3 Clay Routledge, Jamie Arndt, Constantine Sedikides, and Tim Wildschut, "A Blast from the Past: The Terror Management Function of Nostalgia," *Journal of Experimental Social Psychology* 44, no. 1 (2008): 132–40; Jacob Juhl, Clay Routledge, Jamie Arndt, Constantine Sedikides, and Tim Wildschut, "Fighting the Future with the Past: Nostalgia Buffers Existential Threat," *Journal of Research in Personality* 44, no. 3 (2010): 309–14.
4 Juhl, Routledge, Arndt, Sedikides, and Wildschut, "Fighting the Future with the Past," 309–14.
5 W. Dewi Rees, "The Hallucinations of Widowhood," *British Medical Journal* 4, no. 5778 (1971): 37–41.
6 P. Richard Olson, Joe A. Suddeth, Patricia J. Peterson, and Claudia Egelhoff, "Hallucinations of Widowhood," *Journal of the American Geriatrics Society* 33, no. 8 (1985): 543–47.
7 Marios Biskas, Jacob Juhl, Tim Wildschut, Constantine Sedikides, and Vassilis Saroglou, "Nostalgia and Spirituality: The Roles of Self-Continuity and Meaning in Life," *Social Psychology* 53, no. 3 (2022): 152–62.
8 Mike Morrison and Neal J. Roese, "Regrets of the Typical American: Findings from a Nationally Representative Sample," *Social Psychological and Personality Science* 2, no. 6 (2011): 576–83.
9 Anna Kleinspehn-Ammerlahn, Dana Krotter-Grühn, and Jacqui Smith, "Self-Perceptions of Aging: Do Subjective Age and Satisfaction with Aging Change During Old Age?," *Journal of Gerontology: Psychological Sciences* 63, no. 6 (2008): 377–85
10 Sonja Boehmer, "Relationships Between Felt Age and Perceived Disability, Satisfaction with Recovery, Self-Efficacy Beliefs, and Coping

Positive Psychological Assessment: A Handbook of Models and Measures, ed. Matthew W. Gallagher and Shane J. Lopez (Washington, DC: American Psychological Association, 2019), 317–32.

9 Robert A. Emmons and Robin Stern, "Gratitude as a Psychotherapeutic Intervention," *Journal of Clinical Psychology* 69, no. 8 (2013): 846–55.

10 Sara B. Algoe, Shelly L. Gable, and Natalya C. Maisel, "It's the Little Things: Everyday Gratitude as a Booster Shot for Romantic Relationships," *Personal Relationships* 17, no. 2 (2010): 217–33; C. Nathan DeWall, Nathaniel M. Lambert, Richard S. Pond Jr., Todd P. Kashdan, and Frank D. Fincham, "A Grateful Heart Is a Nonviolent Heart: Cross-Sectional, Experience Sampling, Longitudinal, and Experimental Evidence," *Social Psychological and Personality Science* 3, no. 2 (2012): 232–40; Monica Y. Bartlett and David DeSteno, "Gratitude and Prosocial Behavior: Helping When It Costs You," *Psychological Science* 17, no. 4 (2006): 319–25.

11 Xinyue Zhou, Tim Wildschut, Constantine Sedikides, Kan Shi, and Cong Feng, "Nostalgia: The Gift That Keeps On Giving," *Journal of Consumer Research* 39, no. 1 (2012): 39–50.

12 Zhou, Wildschut, Sedikides, Shi, and Cong Feng, "Nostalgia," 39–50.

13 Zhou, Wildschut, Sedikides, Shi, and Cong Feng, 39–50.

14 Elena Stephan, Tim Wildschut, Constantine Sedikides, Xinyue Zhou, Wuming He, Clay Routledge, Wing-Yee Cheung, and Ad J. J. M. Vingerhoets, "The Mnemonic Mover: Nostalgia Regulates Avoidance and Approach Motivation," *Emotion* 14, no. 3 (2014): 545–61.

15 Jacob Juhl, Tim Wildschut, Constantine Sedikides, Xiling Xiong, and Xinyue Zhou, "Nostalgia Promotes Help Seeking by Fostering Social Connectedness," *Emotion* 21, no. 3 (2021): 631–43.

16 Juhl, Wildschut, Sedikides, Xiong, and Zhou, "Nostalgia Promotes Help Seeking," 631–43

Pain: Effects of Social Exclusion on Physical Pain Tolerance and Pain Threshold, Affective Forecasting, and Interpersonal Empathy," *Journal of Personality and Social Psychology* 91, no. 1 (2006): 1–15.

2 Jean M. Twenge, Roy F. Baumeister, C. Nathan DeWall, Natalie J. Ciarocco, and J. Michael Bartels, "Social Exclusion Decreases Prosocial Behavior," *Journal of Personality and Social Psychology* 92, no. 1 (2007): 56.

3 Jean M. Twenge, Liqing Zhang, Kathleen R. Catanese, Brenda Dolan-Pascoe, Leif F. Lyche, and Roy F. Baumeister, "Replenishing Connectedness: Reminders of Social Activity Reduce Aggression After Social Exclusion," pt. 1, *British Journal of Social Psychology* 46 (2007): 205–24.

4 Frode Stenseng, Jay Belsky, Vera Skalicka, and Lars Wichstrøm, "Preschool Social Exclusion, Aggression, and Cooperation: A Longitudinal Evaluation of the Need-to-Belong and the Social-Reconnection Hypotheses," *Personality and Social Psychology Bulletin* 40, no. 12 (2014): 1637–47.

5 Jean M. Twenge, Liqing Zhang, Kathleen R. Catanese, Brenda Dolan-Pascoe, Leif F. Lyche, and Roy F. Baumeister, "Replenishing Connectedness: Reminders of Social Activity Reduce Aggression After Social Exclusion," pt. 1, *British Journal of Social Psychology* 46 (2007): 205–24.

6 Dennis T. Regan, "Effects of a Favor and Liking on Compliance," *Journal of Experimental Social Psychology* 7, no. 6 (1971): 627–39; R. Matthew Montoya and Robert S. Horton, "The Reciprocity of Liking Effect," in *The Psychology of Love*, ed. Michele A. Paludi (Santa Barbara, CA: Praeger, 2012), 39–57.

7 Kathi L. Tidd and Joan S. Lockard, "Monetary Significance of the Affiliative Smile: A Case for Reciprocal Altruism," *Bulletin of the Psychonomic Society* 11, no. 6 (1978): 344–46.

8 Robert A. Emmons, Jeffrey Froh, and Rachel Rose, "Gratitude," in

and Collective University Engagement," *Frontiers in Psychology* 11 (2021): 580731.

3 Jeffrey D. Green, Athena H. Cairo, Tim Wildschut, and Constantine Sedikides, "The Ties That Bind: University Nostalgia Fosters Relational and Collective University Engagement," *Frontiers in Psychology* 11 (2021): 580731.

4 Alex Nowrasteh and Andrew C. Forrester, "Immigrants Recognize American Greatness: Immigrants and Their Descendants Are Patriotic and Trust America's Governing Institutions," Cato Institute, February 4, 2019, cato.org /publications/immigration-research-policy-brief/immigrants-recognize-american-greatness-immigrants.

5 Clay Routledge, "Who Is Proud to Be American?" Archbridge Institute and Sheila and Robert Challey Institute for Global Innovation and Growth, December 2020, archbridgeinstitute.org/wp-content/uploads/2020/12/Archbridge_ProudtobeAmerican_Routledge.pdf.

6 Wildschut, Bruder, Robertson, van Tilburg, and Sedikides, "Collective Nostalgia," 844-63.

7 Department of State, *Report to Congress Pursuant to Section 5 of the Elie Wiesel Genocide and Atrocities Prevention Act of 2018,* P.L. 115-441, state.gov/wp-content/uploads/2021/07/uilwmf3mj.pdf.

8 *Britannica*, s.v. "Henri Tajfel," last updated April 29, 2023, britannica.9 Henri Tajfel and John C. Turner, "The Social Identity Theory of Intergroup Behaviour," in *Psychology of Intergroup Relations*, ed. Stephen Worchel and William G. Austin (Chicago: Nelson- Hall, 1986), 7-24.

10 Anouk Smeekes, Constantine Sedikides, and Tim Wildschut, "Collective Nostalgia: Triggers and Consequences for Collective Action," *British Journal of Social Psychology* 62, no. 1 (2023): 197–214.

第九章

1 C. Nathan DeWall and Roy F. Baumeister, "Alone But Feeling No

During the COVID-19 Pandemic," *Frontiers in Psychology* 12 (2021), frontiersin.org/articles/10.3389 /fpsyg.2021.740247/full.

17 Chelsea A. Reid, Jeffrey D. Green, Tim Wildschut, and Constantine Sedikides, "Scent-Evoked Nostalgia," *Memory* 23, no. 2 (2015): 157–66.

18 Taylor A. FioRito and Clay Routledge, "Is Nostalgia a Past or Future-Focused Experience? Affective, Behavioral, Social Cognitive, and Neuroscientific Evidence," *Frontiers in Psychology* 11 (2020), frontiersin.org/articles/10.3389/fpsyg.2020.01133/full.

19 Andrew A. Abeyta, Clay Routledge, and Jacob Juhl, "Looking Back to Move Forward: Nostalgia as a Psychological Resource for Promoting Relationship Aspirations and Overcoming Relationship Challenges," *Journal of Personality and Social Psychology* 109, no. 6 (2015): 1029–44.

20 Abeyta, Routledge, and Juhl, "Looking Back to Move Forward," 1029–44.

21 Constantine Sedikides and Tim Wildschut, "The Motivational Potency of Nostalgia: The Future Is Called Yesterday," *Advances in Motivation Science* 7 (2020): 75–111.

22 Abeyta, Routledge, and Juhl, "Looking Back to Move Forward," 1029–44.

23 Elena Stephan, Tim Wildschut, Constantine Sedikides, Xinyue Zhou, Wuming He, Clay Routledge, Wing-Yee Cheung, and Ad J. J. M. Vingerhoets, "The Mnemonic Mover: Nostalgia Regulates Avoidance and Approach Motivation," *Emotion* 14, no. 3 (2014): 545–61.

第八章

1 Tim Wildschut, Martin Bruder, Sara Robertson, Wijnand A. P. van Tilburg, and Constantine Sedikides, "Collective Nostalgia: A Group-Level Emotion That Confers Unique Benefits on the Group," *Journal of Personality and Social Psychology* 107, no. 5 (2014): 844–63.

2 Jeffrey D. Green, Athena H. Cairo, Tim Wildschut, and Constantine Sedikides, "The Ties That Bind: University Nostalgia Fosters Relational

Annals of Behavioral Medicine 40, no. 2 (2010): 218–27.
7 Tim Wildschut, Constantine Sedikides, Jamie Arndt, and Clay Routledge, "Nostalgia: Content, Triggers, Functions," *Journal of Personality and Social Psychology* 91, no. 5 (2006): 975–93.
8 Xinyue Zhou, Constantine Sedikides, Tim Wildschut, and Ding-Guo Gao, "Counteracting Loneliness: On the Restorative Function of Nostalgia," *Psychological Science* 19, no. 10 (2008): 1023–29.
9 Constantine Sedikides, Tim Wildschut, Jamie Arndt, and Clay Routledge, "Nostalgia: Past, Present, and Future," Current Directions in Psychological Science 17, no. 5 (2008): 304–7.
10 Andrew A. Abeyta, Clay Routledge, and Jacob Juhl, "Looking Back to Move Forward: Nostalgia as a Psychological Resource for Promoting Relationship Aspirations and Overcoming Relationship Challenges," *Journal of Personality and Social Psychology* 109, no. 6 (2015): 1029–44.
11 Wildschut, Sedikides, Arndt, and Routledge, "Nostalgia," 975–93.
12 Clay Routledge, Tim Wildschut, Constantine Sedikides, and Jacob Juhl, "Nostalgia as a Resource for Psychological Health and Well-Being," *Social and Personality Psychology Compass* 7, no. 11 (2013): 808–18.
13 Abeyta, Routledge, and Juhl, "Looking Back to Move Forward," 1029–44.
14 Zhou, Sedikides, Wildschut, and Gao, "Counteracting Loneliness," 1023–29.
15 Xinyue Zhou, Constantinne Sedikides, Tiantian Mo, Wanyue Li, Emily Hong, and Tim Wildschut, "The Restorative Power of Nostalgia: Thwarting Loneliness by Raising Happiness During the COVID-19 Pandemic," *Social Psychological and Personality Science* 13, no. 4 (2022): 803–15.
16 Rogelio Puente-Diaz and Judith Cavazos-Arroyo, "Fighting Social Isolation with Nostalgia: Nostalgia as a Resource for Feeling Connected and Appreciated and Instilling Optimism and Vitality

7 Shengquan Ye, Rose Ying Lam Ngan, and Anna N. N. Hui, "The State, Not the Trait, of Nostalgia Increases Creativity," *Creativity Research Journal* 25, no. 3 (2013): 317–23.

8 Wijnand A. P. van Tilburg, Constantine Sedikides, and Tim Wildschut, "The Mnemonic Muse: Nostalgia Fosters Creativity Through Openness to Experience," *Journal of Experimental Social Psychology* 59 (2015): 1–7.

9 Tilburg, Sedikides, and Wildschut, "Mnemonic Muse," 1–7.

第七章

1 Peter Walker, "May Appoints Minister to Tackle Loneliness Issues Raised by Jo Cox," *The Guardian*, January 16, 2018, theguardian.com/society/2018/jan/16/may-appoints-minister-tackle-loneliness-issues-raised-jo-cox.

2 Colleen Walsh, "Young Adults Hardest Hit by Loneliness During the Pandemic," *Harvard Gazette*, February 17, 2021, news.harvard.edu/gazette/story/2021/02/young-adults-teens-loneliness-mental-health-coronavirus-covid-pandemic/.

3 Daniel A. Cox, "The State of American Friendship: Change, Challenges, and Loss," Survey Center on American Life, June 8, 2021, americansurveycenter.org/research/the-state-of-american-friendship-change-challenges-and-loss/.

4 Jean M. Twenge, "Have Smartphones Destroyed a Generation?" *The Atlantic*, September 2017, theatlantic.com/magazine/archive/2017/09/has-the-smartphone-destroyed-a-generation/534198/.

5 Jamie Ballard, "Millennials Are the Loneliest Generation," YouGovAmerica, July 30, 2019, today. yougov.com/topics/society/articles-reports/2019/07/30/ loneliness-friendship-new-friends-poll-survey.

6 Louise C. Hawkley and John T. Cacioppo, "Loneliness Matters: A Theoretical and Empirical Review of Consequences and Mechanisms,"

2022, magnifymoney.com/news/collectors-survey/.
8 Matthew Vess, Jamie Arndt, Clay Routledge, Constantine Sedikides, and Tim Wildschut, "Nostalgia as a Resource for the Self," Self and Identity 11, no. 3, (2012): 273–84, doi:10.1080 /15298868.2010.521452.

第六章

1 Jeff Greenberg, Sheldon Solomon, Tom Pyszczynski, Abram Rosenblatt, John Burling, Deborah Lyon, Linda Simon, and Elizabeth Pinel, "Why Do People Need Self-Esteem? Converging Evidence That Self-Esteem Serves an Anxiety- Buffering Function," *Journal of Personality and Social Psychology* 63, no. 6 (1992): 913–22.
2 Kennon M. Sheldon and Andrew J. Elliot, "Goal Striving, Need Satisfaction, and Longitudinal Well-Being: The Self- Concordance Model," *Journal of Personality and Social Psychology* 76, no. 3 (1999): 482–97.
3 Dymphna C. van den Boom, "The Influence of Temperament and Mothering on Attachment and Exploration: An Experimental Manipulation of Sensitive Responsiveness among Lower Class Mothers with Irritable Infants," *Child Development* 65, no. 5 (1994): 1457–77.
4 Holly H. Schiffrin, Miriam Liss, Haley Miles-McLean, Katherine A. Geary, Mindy J. Erchull, and Taryn Tashner, "Helping or Hovering? The Effects of Helicopter Parenting on College Students' Well-Being," *Journal of Child and Family Studies* 23, no. 3 (2014): 548–57.
5 Constantine Sedikides, Tim Wildschut, Clay Routledge, Jamie Arndt, Erica Hepper, and Xinyue Zhou, "To Nostalgize: Mixing Memory with Affect and Desire," *Advances in Experimental Social Psychology* 51, no. 1 (2015): 189–258.
6 Taylor A. FioRito and Clay Routledge, "Is Nostalgia a Past or Future-Focused Experience? Affective, Behavioral, Social Cognitive, and Neuroscientific Evidence," *Frontiers in Psychology* 11 (2020), frontiersin.org/articles/10.3389/fpsyg.2020.01133/full.

Continuity: Uncovering the Mechanism (Social Connectedness) and Consequence (Eudaimonic Well- Being)," *Emotion* 16, no. 4 (2016): 524–39

9 Sanda Ismail, Gary Christopher, Emily Dodd, Tim Wildschut, Constantine Sedikides, Thomas Ingram, Roy Jones, et al., "Psychological and Mnemonic Benefits of Nostalgia for People with Dementia," *Journal of Alzheimer's Disease* 65, no. 4 (2018): 1327–44.

第五章

1 Will Storr, *Selfie: How We Became So Self-Obsessed and What It's Doing to Us* (London: Picador, 2017).

2 Constantine Sedikides, Lowell Gaertner, and Yoshiyasu Toguchi, "Pancultural Self-Enhancement," *Journal of Personality and Social Psychology* 84, no. 1 (2003): 60–79.

3 Tim Wildschut, Constantine Sedikides, Jamie Arndt, and Clay Routledge, "Nostalgia: Content, Triggers, Functions," *Journal of Personality and Social Psychology* 91, no. 5 (2006): 975–93.

4 Elena Stephan, Constantine Sedikides, Tim Wildschut, W. Y. Cheung, Clay Routledge, and Jamie Arndt, "Nostalgia- Evoked Inspiration: Mediating Mechanisms and Motivational Implications," *Personality and Social Psychology Bulletin* 4, no. 10 (2015): 1395–1410.

5 Clay Routledge, Jamie Arndt, and Jamie L. Goldenberg, "A Time to Tan: Proximal and Distal Effects of Mortality Salience on Sun Exposure Intentions," *Personality and Social Psychology Bulletin* 30, no. 10 (2004): 1347–58.

6 Ben-Ari Orit Taubman, Victor Florian, and Mario Mikulincer, "The Impact of Mortality Salience on Reckless Driving: A Test of Terror Management Mechanisms," *Journal of Personality and Social Psychology* 76, no. 1 (1999): 35–45.

7 Alex Cook, "Coins, Toys and Trading Cards: 83% of Collectors Think Their Collection Will Pay Off," Magnify Money, updated April 11,

4 Michael W. Richardson, "How Much Energy Does the Brain Use?" BrainFacts.org, February 1, 2019, brainfacts.org/brain-anatomy-and-function/anatomy/2019/how-much-energy-does -the-brain-use-020119.

5 Tim Wildschut, Constantine Sedikides, Jamie Arndt, and Clay Routledge, "Nostalgia: Content, Triggers, Functions," Journal of Personality and Social Psychology 91, no. 5 (2006): 975–93.

第四章

1 Wildschut, Sedikides, Arndt, and Routledge, "Nostalgia," 975–93.

2 Elena Stephan, Constantine Sedikides, and Tim Wildschut, "Mental Travel into the Past: Differentiating Recollections of Nostalgic, Ordinary, and Positive Events," *European Journal of Social Psychology* 42, no. 3 (2012): 290–98.

3 Alison P. Lenton, Martin Bruder, Letitia Gabriela Slabu, and Constantine Sedikides, "How Does 'Being Real' Feel? The Experience of State Authenticity," *Journal of Personality* 81, no. 3 (2013): 276–89.

4 Matthew Baldwin, Monica Biernat, and Mark J. Landau, "Remembering the Real Me: Nostalgia Offers a Window to the Intrinsic Self," *Journal of Personality and Social Psychology* 108, no. 1 (2015): 128–47.

5 Michael Chandler and Travis Proulx, "Changing Selves in Changing Worlds: Youth Suicide on the Fault-Lines of Colliding Cultures," *Archives of Suicide Research* 10, no. 2 (2006): 125–40.

6 Constantine Sedikides, Tim Wildschut, Clay Routledge, and Jamie Arndt, "Nostalgia Counteracts Self-Discontinuity and Restores Self-Continuity," *European Journal of Social Psychology* 45, no. 1 (2015): 52–61.

7 Sedikides, Wildschut, Routledge, and Arndt, "Nostalgia Counteracts Self-Discontinuity," 52–61.

8 Constantine Sedikides, Tim Wildschut, W. Y. Cheung, Clay Routledge, Erica Hepper, Jamie Arndt, Kenneth Vail, et al., "Nostalgia Fosters Self-

註釋

前言

1 Donald Kraybill, Karen Johnson-Weiner, and Steven Nolt, *The Amish* (Baltimore: Johns Hopkins University Press, 2013).

第一章

1 Johannes Hofer, "Medical Dissertation on Nostalgia," trans. Carolyn Kiser Anspach, *Bulletin of the History of Medicine* 2, no. 6 (1934): 376–91. Original work published 1688.

第三章

1 Jeff Greenberg, Jonathan Porteus, Linda Simon, Tom Pyszczynski, and Sheldon Solomon, "Evidence of a Terror Management Function of Cultural Icons: The Effects of Mortality Salience on the Inappropriate Use of Cherished Cultural Symbols," *Personality and Social Psychology Bulletin* 21, no. 11 (1995): 1221–28, doi.org/10.1177/01461672952111010.

2 Mark J. Landau, Brian P. Meier, and Lucas A. Keefer, "A Metaphor-Enriched Social Cognition," *Psychological Bulletin* 136, no. 6 (2010): 1045–67.

3 Adam K. Fetterman, Jacob Juhl, Brian P. Meier, Andrew Abeyta, Clay Routledge, and Michael D. Robinson, "The Path to God Is Through the Heart: Metaphoric Self-Location as a Predictor of Religiosity," *Self & Identity* 19, no. 6 (2020): 650–72.

人生顧問 547

懷舊的力量：從存在心理學的視角，探索被塵封已久的生命潛能

PAST FORWARD: How Nostalgia Can Help You Live a More Meaningful Life

作　者—克雷・勞特雷吉（Clay Routledge）
譯　者—劉宗為
責任編輯—許越智
責任企畫—張瑋之
封面設計—陳文德
內文排版—張瑜卿
總 編 輯—胡金倫
董 事 長—趙政岷
出 版 者—時報文化出版企業股份有限公司
一〇八〇一九臺北市和平西路三段二四〇號一至七樓
發 行 專 線／（〇二）二三〇六—六八四二
讀者服務專線／〇八〇〇—二三一—七〇五、（〇二）二三〇四—七一〇三
讀者服務傳真／（〇二）二三〇四—六八五八
郵撥／一九三四—四七二四時報文化出版公司
信箱／一〇八九九臺北華江橋郵局第九九信箱
時報悅讀網—www.readingtimes.com.tw
法律顧問—理律法律事務所　陳長文律師、李念祖律師
印　刷—勁達印刷有限公司
初版一刷—二〇二五年一月二十三日
定　價—新台幣三八〇元

時報文化出版公司成立於一九七五年，並於一九九九年股票上櫃公開發行，於二〇〇八年脫離中時集團非屬旺中，以「尊重智慧與創意的文化事業」為信念。

懷舊的力量：從存在心理學的視角，探索被塵封已久的生命潛能
／克雷．勞特雷吉（Clay Routledge）著／劉宗為譯
--- 初版 --- 臺北市：時報文化出版企業股份有限公司，2025.1
面；14.8×21公分. ---（人生顧問547）
譯自：Past Forward : How Nostalgia Can Help You Live a More Meaningful Life
ISBN 978-626-419-066-4 平裝）
1.CST: 社會心理學　2.CST: 人類行為　3.CST: 社會發展
541.75　　113018381

PAST FORWARD: How Nostalgia Can Help You Live a More Meaningful Life by Clay Routledge

ISBN 978-626-419-066-4　Printed in Taiwan